LENA STARKE

Baby-GESCHENKE nähen

EMF

EIN BUCH DER
EDITION MICHAEL FISCHER

INHALT

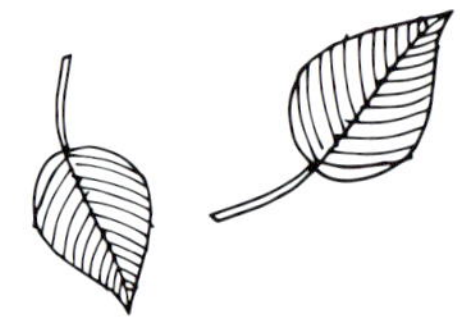

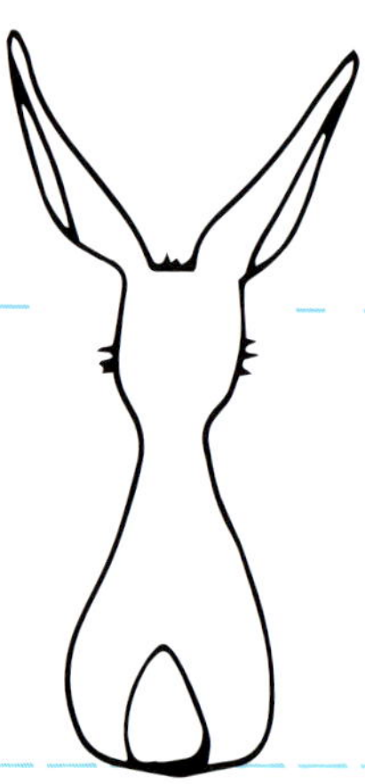

VORWORT

Die Geburt eines Kindes ist etwas Einzigartiges! Etwas Wunderbares!

Dieses Glück haben Sie offensichtlich nun auch erleben dürfen oder dürfen es in Kürze – als Eltern, Großeltern, Tante, Onkel, Geschwister, Pate oder Freundin.

Herzlichen Glückwunsch!

Da ich selbst gerade mein drittes Kind bekommen habe, kann ich gut nachvollziehen, wie Sie sich fühlen müssen. Man möchte den Kleinen gerne alles Beste dieser Welt schenken! Aber wie kann man einen neuen Erdenbürger besser begrüßen als mit einem zauberhaften, selbst genähten Spielzeug zum Kuscheln und Rasseln? Oder einer kleinen Dinkelkatze zum Wärmen und Trösten?

Welche Motive auch immer Sie dazu bewegt haben mögen, für Ihren kleinen Liebling ein Geschenk zu nähen – ich möchte Ihnen mit diesem Buch die Möglichkeit geben, diesen Entschluss umzusetzen.

Sie finden in diesem Buch 23 Projekte, die Babys gefallen. Suchen Sie sich einfach eines aus, dass auch Ihnen gefällt. Für Anfänger wie für Fortgeschrittene ist etwas dabei. Ihrer Fantasie sind keine Grenzen gesetzt und mit dem ausführlichen Grundlagenteil und den detaillierten Anleitungen brauchen Sie keine Bedenken zu haben. Legen Sie los und haben Sie vor allem Spaß beim Ausprobieren und Experimentieren mit Farben, Stoffen und Formen. Es wird Ihnen gelingen! Ich bin ganz sicher.

Die Projekte sind bewusst in drei verschiedene Bereiche der Wahrnehmung unterteilt: Rasseln, Greiflinge und Spieluhren. So können Sie das richtige Projekt für Ihr Baby auswählen. Einige Projekte lassen sich aber auch mit etwas Übung übergreifend gestalten und sogar für Kleinkinder umwandeln. Glauben Sie mir, die Modelle zu diesem Buch haben eine spektakuläre Testphase durch die Krabbelgruppe meines Sohnes und die Kinderzimmer meines Hauses hinter sich.

Nun wünsche ich Ihnen viel Spaß beim Stöbern in den Projekten und viel Erfolg bei der Umsetzung.

Und wenn Sie Lust haben, würde ich mich riesig freuen, ganz viele Ihrer genähten Tierchen und Rasseln auf meiner Pinnwand oder per Nachricht bei Facebook zu sehen:

www.facebook.com/EulenherzbyLena

Oder besuchen Sie meinen Blog:

www.eulenherz.com

Lena

7
9
14
Handmaß • Hand gauge • Réglette
VERSTÄRKTE
MENTHOL-DRAGEES
15
3
8
16
18
16
13
15
23
17
8
10
FABRIC MARKER PEN
19
18
20
5
4

GRUNDLAGEN

GRUNDAUSSTATTUNG

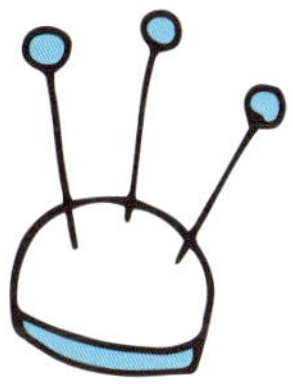

1 **NÄHMASCHINE** – Wenn Sie noch keine eigene Nähmaschine besitzen, reicht es vollkommen aus, sich erst einmal eine bei Mama, Tante, Oma oder Freundin zu leihen. Im Grunde ist alles, was Ihre Maschine für die Projekte dieses Buchs braucht, ein Geradstich und ein Zickzackstich. Das besitzt jede Nähmaschine ab dem Baujahr 1960. Allerdings ist es natürlich hilfreich und zeitsparend, wenn Ihre Nähmaschine folgende Funktionen besitzt: Rückwärts nähen, Punktvernähen, manuelle Einstellung der Stichweite, Knopflochautomatik und auch eine manuelle Einstellung der Nähgeschwindigkeit kann hier sehr von Vorteil sein, wenn es mal knifflig wird. Haben Sie keine Angst, es auch ohne diese Funktionen zu versuchen! Sie werden es auch unter „einfachsten" Bedingungen schaffen. Da bin ich sicher!

2 **BÜGELEISEN** – Gut gebügelt ist halb genäht.

3 **STOFFSCHERE** – Eine gute Stoffschere ist eine Investition wert. Sie sollte eine klares Schnittgeräusch machen und leichtgängig durch den Stoff gleiten. Schneiden Sie mit einer Stoffschere niemals Papier oder etwas anderes außer Stoff, sonst wird sie stumpf und die Investition wäre dahin.

4 **FADENSCHERE** – Eine kleine Schere mit kurzen, spitzen Klingen ist sehr hilfreich für überstehende Fäden und das Einschneiden der Nahtzugabe. Sie lässt sich auch an komplizierten Stellen noch sicher handhaben und ist für die Projekte in diesem Buch fast unerlässlich.

5 **STECKNADELN** – Auch hier zählt Qualität. Billige Nadeln sind oft stumpf oder haben Widerhaken und zerstören damit das Gewebe der Stoffe.

6 **HANDNÄHNADELN** – Achten Sie auch hier auf Qualität, damit die Nadeln den Stoff beim Nähen verdrängen und ihn nicht zerstören. Sie benötigen sie zum Schließen von Wendeöffnungen und evtl. zum Aufsticken von Zierelementen, wie z. B. Wimpern.

7 **HANDMASS ODER LINEAL** – Eigentlich reicht für fast alle Modelle in diesem Buch das Handmaß mit 21 cm Länge aus. Hiermit messen Sie Abstände und Längen zuverlässig aus. Da es fest und flach ist, lässt es sich besser handhaben als ein Maßband.

8 **TRICKMARKER ODER SCHNEIDERKREIDE** – Hier gibt es mittlerweile viele verschiedene Ausführungen. Ich arbeite am liebsten mit einem Trickmarker, der selbstlöschend ist. Es gibt aber auch Marker, die sich auswaschen lassen oder durch Hitze verschwinden. Sie können auch gern die gute alte Schneiderkreide zum Anzeichnen und Übertragen von Markierungen auf den Stoff verwenden. Es gibt sie in vielen verschiedenen Farben.

9 **WENDESTAB, ESSSTÄBCHEN ODER STUMPFER BLEISTIFT**
Es gibt Wendestäbe mit Hülsen in verschiedenen Größen und Dicken. Eigentlich gedacht zum Wenden von schmalen Schläuchen. Hier benutze ich sie zum Wenden von kleinen und feinen Ecken und Rundungen. Auch zur Ausarbeitung dieser vor dem Bügeln sind sie sehr hilfreich. Ein stabiles Essstäbchen oder ein dünner stumpfer Bleistift dienen als Ersatz, falls kein Wendestab zur Hand.

GRUNDLAGEN

ZUSÄTZLICHE MATERIALIEN

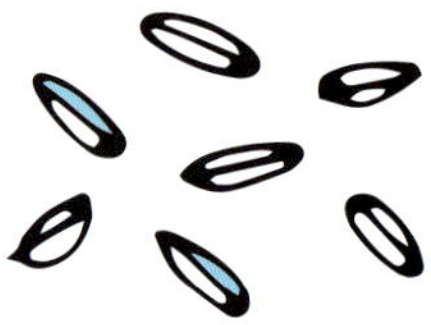

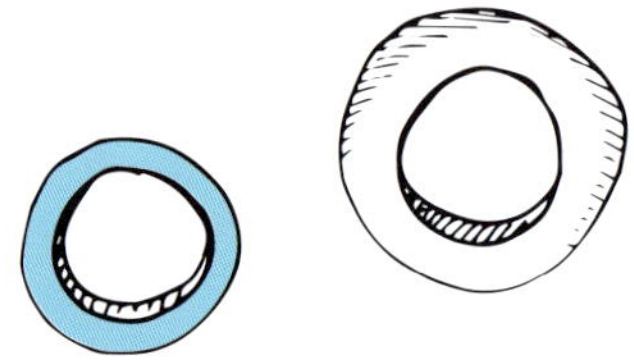

10 MARKER ODER FINELINER – Diesen Helfer benötigen Sie zum Übertragen von Schnittmustern auf Schnittmusterpapier oder -folie. Ich persönlich arbeite lieber mit Folie und einem dünnen wasserfesten Marker. Probieren Sie einfach aus und entdecken Sie, womit Sie besser zurechtkommen.

11 SCHNITTMUSTERPAPIER UND -FOLIE – Sie können hier natürlich teures Schnittmusterpapier oder auch speziell ausgeschriebene Folie verwenden, aber handelsübliches Butterbrotpapier oder eine Malerfolie aus dem Baumarkt tun es auch sehr gut.

12 NAHTTRENNER – Zu guter Letzt sollten Sie auch daran denken, dass evtl. am Anfang mal etwas schiefgeht. Investieren Sie also in einen guten Nahttrenner, der trennt und nicht reißt. Schneiden Sie jeden dritten Stich von einer Stoffseite auf, wenden Sie den Stoff und ziehen Sie den Faden von der anderen Seite heraus.

13 NÄHGARN – Für alle Modelle in diesem Buch verwenden Sie einen sogenannten „Allesnäher". Diese Garne sind meist aus Polyesterfasern und sehr gut geeignet für das Nähen mit der Maschine.

14 KLINGELKUGEL, RASSEL UND QIETSCHE – Es gibt sie eigentlich nur aus Kunststoff, aber in verschiedenen Größen und Ausführungen. Achten Sie darauf, dass diese Teile möglichst klein und unbedingt waschbar sind.

15 HOLZRINGE UND -PERLEN – Achten Sie unbedingt darauf, dass diese Teile aus unbehandeltem Holz bestehen oder mit Spielzeuglack lackiert sind, da alles andere für Babyspielzeug nicht geeignet ist. Beides gibt es in verschiedenen Größen.

16 FÜLLWATTE – Verwenden Sie unbedingt waschbare Füllwatte, damit Ihr Spielzeug lange Freude bereitet. Es gibt sie aus verschiedenen Kunstfasern oder aus reiner Baumwolle. Baumwolle braucht nach dem Waschen ein bisschen Bearbeitung, während Polyester meist besser in Form bleibt.

17 BAUMWOLLKORDEL – Bei Babyspielzeug würde ich Ihnen immer empfehlen, alle Materialien, wenn möglich, aus Baumwolle zu verwenden. Allerdings ist Kordel aus Kunstfaser sehr viel weicher. Wägen Sie hier ab, was Sie lieber mögen.

18 WEBBAND UND ZACKENLITZE – Beides gibt es vorwiegend aus Kunstfaser, aber auch aus Baumwolle. Auch hier gilt: Je weniger Kunstfaser Sie für Babys verwenden, desto besser!

19 BIODINKEL – Sie bekommen eine riesige Auswahl an verschiedenen Biokörnern im Reformhaus. Kirschkerne und Dinkel können die Wärme am besten speichern und sind somit gut geeignet für Wärmekissen. Ich verwende am liebsten Dinkel, da er griffiger ist und nicht so laut. Körnerfüllungen sind nur bedingt waschbar. Sie können jedoch mit ein bisschen Übung ein zusätzliches Innenkissen nähen und die Außenhülle mit einem Verschluss waschbar machen.

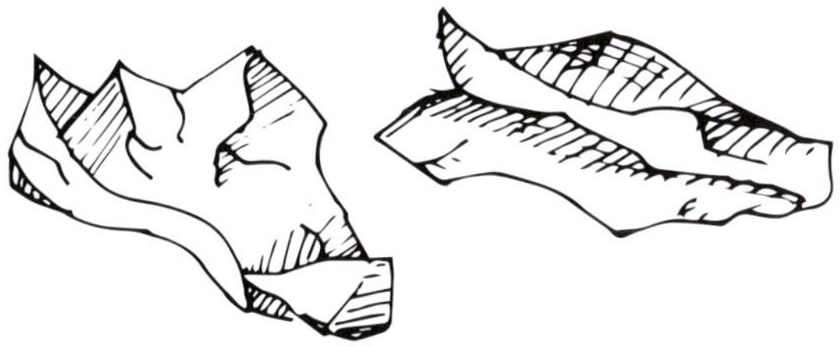

20 DRUCKKNÖPFE – Verwenden Sie hier die aktuellen „Kam Snaps" aus Kunststoff. Sie sind sehr strapazierfähig und werden mit einer speziellen Zange im Stoff befestigt. Es gibt sie in vielen verschiedenen Farben und mittlerweile auch Formen.

21 VLIESOFIX – Es ist sehr sinnvoll, anfangs alle Applikationen vorsichtshalber vor dem Nähen mit doppelseitigem Bügelvlies zu befestigen, damit nichts verrutschen kann (siehe S. 9). Wenn Sie geübter sind, werden Sie es nur noch für größere Applikationen aus Baumwolle oder Jersey verwenden.

22 VLIESEINLAGE – Bei manchen Modellen benötigen Sie Vlieseinlage zur Verstärkung des Stoffes, damit er sich bei der Verarbeitung nicht verzieht. Ich empfehle hierfür einseitig aufbügelbare, dünne Vlieseinlage (z. B. Vlieseline S 250).

23 STOFFE – Grundsätzlich empfehle ich, möglichst Baumwollstoffe oder Stoffe mit hohem Baumwollanteil (gewebt, Frottee, Fleece, Nicki und Teddyplüsch) zu Babyspielzeug zu verarbeiten. Es ist wichtig, dass sie waschbar und strapazierfähig sind. Ansonsten sind Ihnen keinerlei Grenzen gesetzt. Das Design ist natürlich Geschmackssache. Meine Stoffauswahl soll Ihnen zur Orientierung dienen und Sie vielleicht inspirieren und ermutigen, eigene Ideen umzusetzen. Aber grundsätzlich gilt: Ihre Fantasie sollte den Ton angeben! Sie können Stoffreste, Ihre alte Lieblingsbettwäsche oder alte handbestickte Handtücher genauso verwenden wie neue moderne Stoffe.

Neue Stoffe sollten Sie vor der Verarbeitung einmal vorwaschen. So verzieht sich beim ersten Waschen des fertigen Projekts nichts.
Am besten ohne Waschpulver, da Sie sonst einige Drucke unnötig strapazieren könnten. Nahezu jeder Stoff hat eine **rechte Seite** („schöne" Seite) und eine **linke Rückseite** (blassere oder gänzlich ungemusterte Seite). Achten Sie beim Zuschnitt und bei der Verarbeitung der Stoffe immer darauf, die richtige Seite zu verarbeiten.
Ich verwende auch gern **Filz**. Er ist gut zu verarbeiten, da er nicht ausfranst und man ihn somit **nicht auf links verarbeiten** muss. Die Nähte und Nahtzugaben dürfen also sichtbar bleiben. Versuchen Sie hier, Wollfilz aus reiner Schurwolle zu verwenden. Er ist von Natur aus Schmutz abweisend, aber wie alle anderen Filzarten nicht waschbar.

24 KNISTERFOLIE – Es gibt spezielle Knisterfolie als DIN-A4-Bogen zu kaufen, ich empfehle Ihnen jedoch handelsüblichen Bratenschlauch aus dem Supermarkt. Er knistert deutlich mehr und ist auch waschbar. Nähen Sie die Folie gern doppellagig ein und knautschen Sie sie vor dem Aufnähen einmal ordentlich zusammen. So knistert Ihr Spielzeug später umso besser.

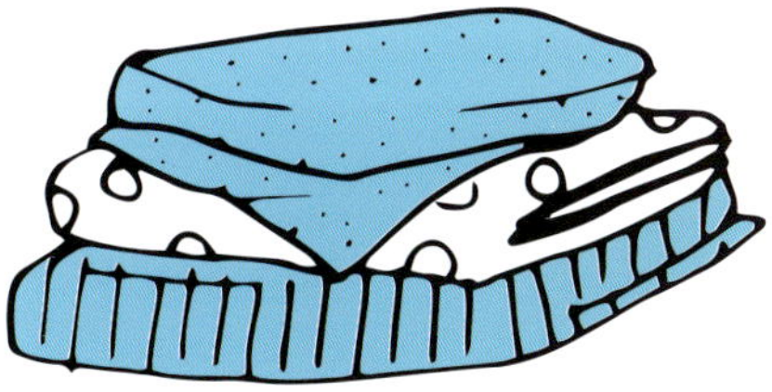

GRUNDLAGEN

WICHTIGE BEGRIFFE UND HINWEISE

Die Arbeitsschritte, die hier beschrieben werden, sind grundlegende Nähtechniken und sollten Anfängern zur Orientierung und Fortgeschrittenen zur Auffrischung dienen.

- SICHERHEIT – Wie bei allem, mit dem Babys und Kleinkinder in Kontakt kommen, sollten Sie auch hier besonders auf deren Sicherheit achten: Bänder und Kordeln sollten nicht zu lang und sehr gut festgenäht sein, damit keine Strangulationsgefahr besteht und sich keine Bänder lösen und verschluckt werden können. Überprüfen Sie, ob alle Nähte geschlossen sind und kein Füllmaterial nach außen dringen kann. Verzichten Sie möglichst auf verschluckbare Kleinteile wie Knöpfe, Pailletten oder Ähnliches.
- LESEN – Bevor Sie ein Projekt beginnen, lesen Sie die Anleitung bitte einmal komplett durch. Bei manchen Anleitungen wird auf eine Erklärung auf einer anderen Seite im Buch verwiesen. Folgen Sie diesen Hinweisen, so wird Ihnen vieles klarer und Sie haben schon eine grobe Vorstellung davon, was Sie erwartet.
- BÜGELN – Bügeln ist das A und O! Bügeln Sie Ihr Projekt nach jedem Schritt. Achten Sie bei den verschiedenen Stoffen und Materialien darauf, ob und bei welchen Temperaturen sie zu bügeln sind. Verwenden Sie evtl. Backpapier zum Bügeln empfindlicher Stoffe, wie z. B. Filz und Fleece, und nutzen Sie die Dämpffunktion an Ihrem Bügeleisen, falls vorhanden.
- STECKEN – Wenn Sie beim Feststecken der Stecknadeln darauf achten, dass die Nadeln quer zur Naht im Stoff stecken, dann können Sie an kniffligen Stellen die Nadeln auch mal stecken lassen und einfach darüber hinwegnähen. Ansonsten ist es empfehlenswert, dass Sie die Stecknadeln kurz vor Erreichen des Nähfußes entfernen.
- MASSANGABEN – Die Maße für den benötigten Stoff eines Modells sind immer in Breite × Höhe oder Länge angegeben.
- SCHNITTMUSTER – Alle Schnittmuster für die benannten Schnittteile in den Anleitungen finden Sie auf den beiliegenden Schnittmusterbogen. Suchen Sie sich alle Schnittteile zusammen und kopieren Sie sie mit einem Marker auf Folie oder Schnittmusterpapier. Anschließend ausschneiden.
- GEGENGLEICH ZUSCHNEIDEN – Bei den nicht symmetrischen Projekten in diesem Buch sollten Sie mindestens ein Schnittteil gegengleich zuschneiden. Dazu falten Sie den Stoff im Fadenlauf, also parallel zur Webkante, stecken das Schnittmuster obenauf und schneiden durch beide Stofflagen gleichzeitig das Schnittteil plus Nahtzugabe aus.
- NAHTZUGABE – Die Nahtzugabe ist der Bereich zwischen Naht und Stoffkante. Die Schnittmuster enthalten keine Nahtzugabe. Bitte messen Sie den Abstand zwischen der Nadel in Mittelstellung und dem Rand des Nähfußes an Ihrer Maschine (meist 0,7 oder 1 cm) und geben Sie diesen als Nahtzugabe beim Zuschnitt dazu.
  Sie brauchen die Naht somit nicht extra auf dem Stoff zu markieren, sondern führen die Stoffkante einfach immer entlang der Außenkante Ihres Nähfußes. Bei einigen Modellen werden Schnittteile nur zum Teil appliziert und brauchen somit nicht an allen Kanten eine Nahtzugabe. Achten Sie hier bitte genau auf die Erklärung in der Anleitung.

VERNÄHEN – Es ist sehr wichtig, dass Sie alle Stiche am Anfang und am Ende vernähen, entweder mit der Funktion „Punktvernähen" Ihrer Maschine oder indem Sie drei Stiche vor- und zurücknähen, damit sich später beim Spielen kein Faden lösen kann.

- **APPLIKATIONEN** – Bei einigen Modellen ist die Verwendung von Vliesofix bei der Applikation unabdingbar, bei anderen freigestellt, je nach Können. Grundsätzlich gilt: Bügeln Sie ein Stück Vliesofix auf die Rückseite des Applikationsmaterials. Verwenden Sie dabei evtl. Backpapier als Zwischenlage und bügeln Sie immer mit Druck und ohne Dampf. Zeichnen Sie das Motiv auf das Trägerpapier auf der Rückseite und schneiden Sie es aus (Motive und Buchstaben immer spiegelverkehrt aufzeichnen!). Entfernen Sie das Trägerpapier und bügeln Sie nun das Motiv an die gewünschte Stelle auf den Stoffgrund. Nähen Sie kleine Teile mit einem knappkantigen Geradstich, größere Teile mit einem engen Zickzackstich auf.
- **VERSÄUBERN DER STOFFKANTEN** – Bei den Projekten in diesem Buch habe ich auf das Versäubern von Stoffkanten verzichtet. Wenn die Stoffkanten ausschließlich innen liegen und die Nahtzugaben nicht allzu knapp zurückgeschnitten werden, ist dies bei normaler Beanspruchung nicht notwendig. Zur Sicherheit können Sie natürlich gern alle Nahtzugaben versäubern, indem Sie mit einem Overlockstich nähen bzw. alle Stoffkanten nach dem Zusammennähen mit dem mittleren Zickzackstich Ihrer Nähmaschine versäubern.
- **RUNDUNGEN NÄHEN** – Enge Rundungen nähen Sie am einfachsten, indem Sie den Stoff in einer Kurve führen und die Nadel nach jeweils zwei bis drei Stichen im Stoff stecken lassen, den Nähfuß heben und den Stoff ein wenig weiterdrehen. Anschließend senken Sie den Nähfuß wieder und verfahren so weiter, bis die Rundung fertig genäht ist.

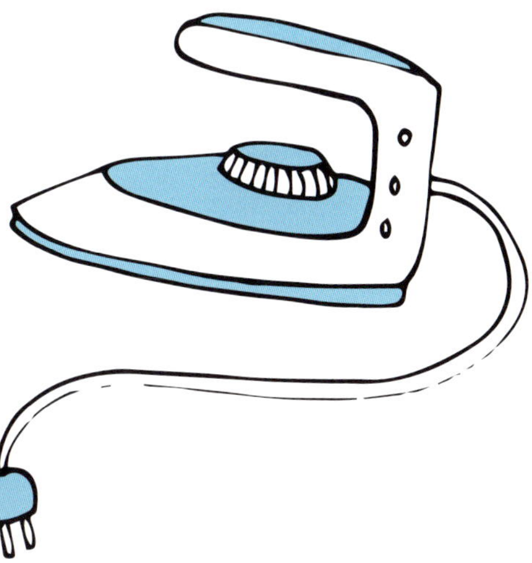

GRUNDLAGEN

WICHTIGE BEGRIFFE UND HINWEISE

- RUNDUNGEN EINSCHNEIDEN – Bei allen Rundungen muss vor dem Wenden die Nahtzugabe eingeschnitten werden, damit das Teil keine Falten wirft und sich schön in Form wenden lässt. Schneiden Sie dazu die Nahtzugabe im Abstand von 1 cm jeweils quer bis zur Naht ein. Verletzen Sie dabei aber niemals die Naht (siehe Illustration).
- ECKEN ABSCHRÄGEN – Bei allen Ecken und Spitzen, die gewendet werden, müssen Sie die Ecken der Nahtzugabe abschrägen. Schneiden Sie dabei die Nahtzugabe schräg bis zur Naht zurück. Achten Sie hier ebenfalls darauf, dass Sie niemals die Naht verletzen (siehe Illustration).
- ECKEN EINSCHNEIDEN – In diesem Buch nähen Sie relativ kleine Projekte. Es ist zu empfehlen, dass Sie Ecken vor dem Wenden in der Nahtzugabe einschneiden, damit sich diese nach dem Wenden schön übereinanderlegt und keine Wellen schlägt.
- WENDEN – Wenden Sie die Schnittteile, die rechts auf rechts genäht wurden, immer durch die Wendeöffnung. Wo Sie die Wendeöffnung in der Naht offen lassen, erfahren Sie in den Anleitungen.
- LEITERSTICH/MATRATZENSTICH – Der Leiterstich, oder auch Matratzenstich genannt, eignet sich besonders zum Verschließen von Wendeöffnungen, da er fast nicht sichtbar ist. Bügeln Sie zunächst die Nahtzugabe zur linken Seite um und befestigen Sie das Garn an einem Ende der Wendeöffnung in einem Bügelfalz mit einem Doppelstich. Machen Sie nun einen kleinen Stich in den gegenüberliegenden Bügelfalz und führen Sie die Nadel ca. 0,3 cm im Falz entlang und wieder hinaus. Dann kehren Sie wieder zum gegenüberliegenden Falz zurück und fahren Sie so fort. Es entsteht ein Stich, der aussieht wie eine Leiter zwischen beiden Kanten. Ziehen Sie den Faden an, so wird der Stich nahezu unsichtbar. Wenn Sie am Ende der Wendeöffnung angekommen sind, vernähen Sie das Fadenende (siehe Illustration).

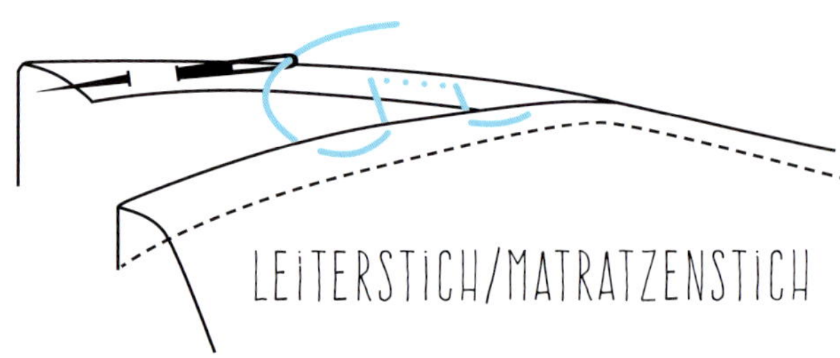

LEITERSTICH/MATRATZENSTICH

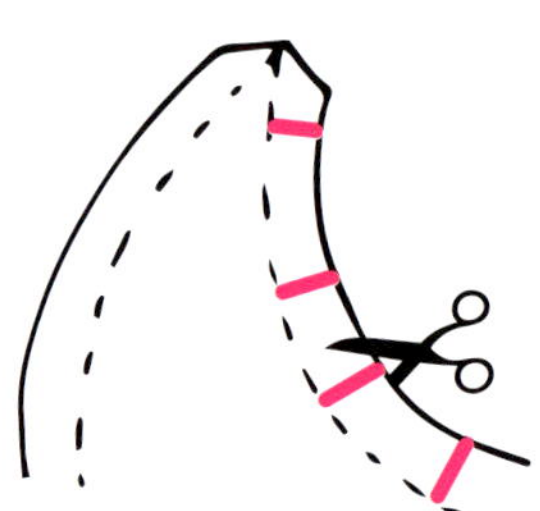

RUNDUNGEN EINSCHNEIDEN

ECKEN ABSCHRÄGEN

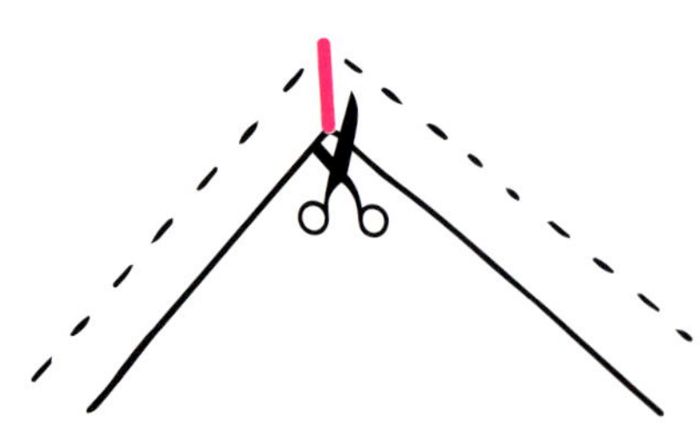

ECKEN EINSCHNEIDEN

GRUNDLAGEN

WICHTIGE BEGRIFFE UND HINWEISE

SCHWIERIGKEITSGRADE

LEICHT

MITTEL

ANSPRUCHSVOLL

NÄHMASCHINENSTICHE

- enger Geradstich
- enger Zickzackstich
- Overlockstich

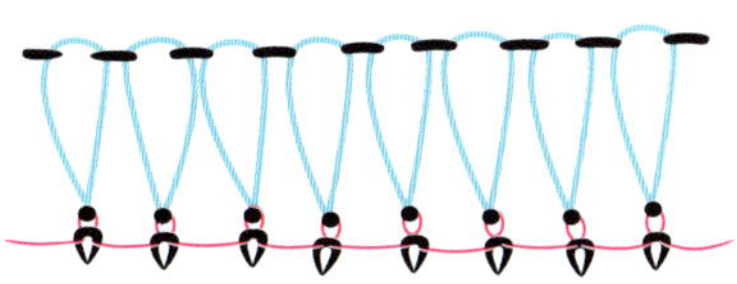

LEGENDE FÜR ABKÜRZUNGEN UND ZEICHEN

NZ = Nahtzugabe (wenn nicht anders angegeben, 1 cm)

✂ = zuschneiden

↔ = Fadenlauf

✏ = zeichnen

B × L = Breite × Länge

KEMAL KAMEL

RASSEL

SO GROSS BIN ICH

B × L: 23 × 14 cm (inkl. Kordel)

MATERIAL

- Frotteestoff in Beige (Variante: Baumwollteddyplüsch in Braun), 23 × 20 cm
- Baumwollcord in Beige gepunktet (Variante: Baumwollcord in Blau gepunktet), 23 × 20 cm
- Baumwollkordel in Cremeweiß, 10 cm
- passendes Garn in Beige
- Klingelkugel (Ø ca. 2,5 cm) oder Rassel (Ø ca. 3,7 cm) oder Quietsche (Ø ca. 5 cm)
- Wendestab
- Trickmarker und Textilstift
- waschbare Füllwatte aus 100 % Baumwolle oder Polyester

NÄHMASCHINENSTICHE

- enger Geradstich
- enger Zickzackstich

ZUSCHNITT (SCHNITTMUSTERBOGEN A)

- **Aus dem Baumwollcord in Beige gepunktet:** 1 × Schnittteil Kamel + NZ
- **Aus dem Frotteestoff in Beige:** 1 × Schnittteil Kamel + NZ (gegengleich)

  Übertragen Sie das Auge mit dem Trickmarker auf den Stoff.

So geht's

1. Nähen Sie das Auge, das Sie zuvor mit einem Trickmarker übertragen haben, mit engem Zickzackstich auf den Baumwollcord oder malen Sie es mit einem Textilstift auf (siehe Markierung Schnittmuster).
2. Machen Sie einen Knoten in ein Ende der Baumwollkordel. Legen Sie beide Schnittteile des Kamels rechts auf rechts aufeinander und positionieren Sie die Baumwollkordel hinten mittig dazwischen. Der Knoten liegt innen, das offene Ende der Kordel liegt zwischen den Nahtzugaben. Stecken Sie alles gut fest.
3. Nun nähen Sie mit dem Geradstich einmal außenrum. Nähen Sie über die Kordel unbedingt mehrmals vor und zurück, damit sie sich später beim Spielen nicht lösen kann. Lassen Sie dabei eine Wendeöffnung von ca. 4 cm am Bauch des Kamels (siehe Schnittmuster).
4. Schneiden Sie alle Rundungen und Ecken gemäß der Anleitung im Grundlagenteil (S. 10) ein bzw. ab und wenden Sie das Kamel mithilfe des Wendestabs. Arbeiten Sie alle Rundungen, besonders die Beine, mit dem Stab schön vorsichtig aus und bügeln Sie das Kamel anschließend vorsichtig auf der Cordstoff-Seite (evtl. mit Backpapier).
5. Füllen Sie das Kamel durch die Wendeöffnung mit Füllwatte und Rassel, Klingel oder Quietsche und schließen Sie die Wendeöffnung anschließend, wie im Grundlagenteil (S. 10) beschrieben, mit dem Leiterstich/Matratzenstich von Hand.

PETER FUX

SPIELUHR

SO GROSS BIN ICH

B × L: 19 × 20 cm (inkl. Kordel, ohne Spieluhrband)

MATERIAL

- Baumwollfleece in Cremeweiß (Variante: Baumwollteddyplüsch), 50 × 25 cm
- Canvasstoff in Orange, 25 × 25 cm
- Vliesofix, 25 × 18 cm
- kleines Stück Filz in Dunkelbraun
- Spieluhr-Rohling (Melodie nach Wahl)
- Knopf (Ø 1 cm)
- 1–3 Holzperlen je nach Wunsch
- Baumwollkordel in Cremeweiß, 20 cm
- passendes Garn in Cremeweiß und Dunkelbraun
- Trickmarker
- spitze Schere bzw. Nahttrenner
- Wendestab
- ein Stück Backpapier
- Füllwatte aus 100 % Baumwolle oder Polyester

NÄHMASCHINENSTICHE

- enger Geradstich
- enger Zickzackstich
- Knopflochautomatik (alternativ: Knopflochstich)

ZUSCHNITT (SCHNITTMUSTERBOGEN A)

- **Aus dem Baumwollfleece in Cremeweiß:**
  1 × Schnittteil Fuchs Kopf + NZ
  1 × Schnittteil Fuchs Bart
  ✂ Die komplette Oberkante des Barts ohne NZ, den Rest mit NZ zuschneiden.
- **Aus dem Canvasstoff in Orange:**
  1 × Schnittteil Fuchs Kopf + NZ
- **Aus dem dunkelbraunen Filz:**
  1 × Schnittteil Fuchs Nase (ohne NZ)
  2 × Schnittteil Fuchs Ohr (ohne NZ)
- **Aus dem Vliesofix:**
  1 × Schnittteil Fuchs Bart (ohne NZ)

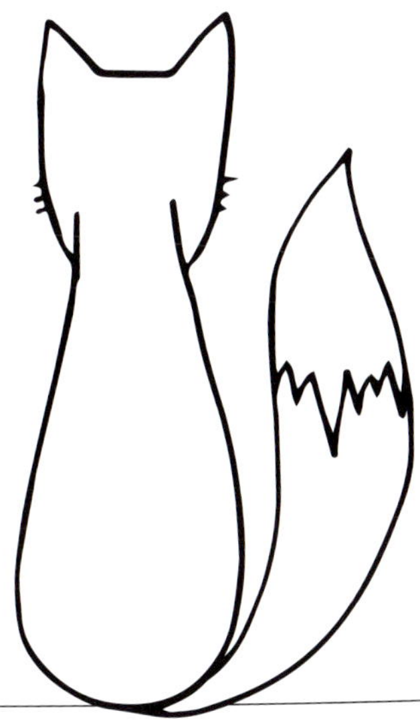

So geht's

1. Bügeln Sie das Vliesofix vorsichtig auf die Rückseite des Barts aus Baumwollfleece. Dazu legen Sie den Bart mit der linken Seiten auf die klebende Seite des Vliesofix. Legen Sie ein Backpapier oben auf die rechte, „schöne", Seite des Barts, da der Baumwollfleece sehr empfindlich ist und sonst die flauschige Oberseite beschädigt werden könnte. Bügeln Sie den Stoff etwa 20 Sekunden ohne Dampf mit Druck und lassen Sie ihn gut abkühlen.

2. Entfernen Sie das Trägerpapier des Vliesofix auf der Rückseite und positionieren Sie den Bart auf dem Kopfteil aus orangem Canvas. Legen Sie auch hier wieder das Backpapier auf den flauschigen Baumwollfleece obenauf und bügeln Sie den Bart nun wieder ca. 20 Sekunden mit Druck und unbedingt ohne Dampf auf dem Canvas fest. Abkühlen lassen.

3. Steppen Sie nun die komplette Oberkante des Barts mit engem Zickzackstich und Garn in Cremeweiß am orangefarbenen Kopfteil fest.

4. Positionieren Sie nun die Ohren aus braunem Filz als „Innenohr" auf der rechten Seite des Kopfteils aus orangem Canvas und die Nase mittig auf dem „V" des Barts (siehe Markierung auf dem Schnittmuster). Nutzen Sie auch hier evtl. Vliesofix. Steppen Sie die drei Schnittteile mit knappkantigem Geradstich und dunkelbraunem Garn fest.

5. Markieren Sie nun die Augen gemäß der Markierung auf dem Schnittmuster mit dem Trickmarker auf dem cremeweißen Bart und nähen Sie diese mit engem Zickzackstich in Dunkelbraun nach.

6. Markieren Sie die Öffnung für die Spieluhr unten mittig ca. 3 cm über der Spitze des Bartteils (siehe Markierung auf dem Schnittmuster) und nähen Sie mit der Knopflochautomatik Ihrer Maschine ein Knopfloch für einen etwa 1 cm breiten Knopf. Dafür spannen Sie den Knopf in den Knopflochfuß Ihrer Maschine ein.
Lassen Sie das Knopfloch noch geschlossen.

7. Legen Sie die beiden Schnittteile des Kopfes rechts auf rechts aufeinander und positionieren Sie die die Kordel in einer Schlaufe mittig zwischen den Ohren. Die Schlaufe liegt innen, die offenen Enden liegen zwischen der Nahtzugabe und zeigen nach außen. Nun nähen Sie mit engem Geradstich außenrum. Nähen Sie mehrmals vor und zurück über die Kordel, damit sie sich später nicht lösen kann. Lassen Sie eine Wendeöffnung von mindestens 4 cm (je nach Größe der Spieluhr) an einer geraden Seite (siehe Markierung auf dem Schnittmuster) des Fuchses offen.

8. Schneiden Sie alle Spitzen und Ecken gemäß der Anleitung im Grundlagenteil (S. 10) ein bzw. ab und wenden Sie den Fuchs mithilfe des Wendestabs. Arbeiten Sie alle Ecken und Spitzen mit dem Stab vorsichtig aus.

9. Öffnen Sie nun das Knopfloch mithilfe einer spitzen Schere. Lösen Sie die „Aufziehperle" an der Kordel der Spieluhr und führen Sie die Kordel von innen durch das Knopfloch. Ziehen Sie die Holzperlen von außen auf die Kordel und verknoten Sie die Kordel wieder. Füllen Sie den Fuchs nun mit Füllwatte und polstern Sie die Spieluhr schön von allen Seiten.Schließen Sie die Wendeöffnung anschließend, wie im Grundlagenteil (S. 10) beschrieben, mit dem Leiterstich/Matratzenstich von Hand.

Tipp

Zieht sich die Kordel der Spieluhr zu weit in den Fuchsmund hinein, wenn die drei Holzperlen aufgefädelt sind? Machen Sie in Schritt 9 einfach einen Knoten in die Kordel, an dem die Spieluhr stoppen soll.

HASE HOPP

GREIFLING

SO GROSS BIN ICH

B × L: 13 × 15 cm (inkl. Ohren)

MATERIAL

- Baumwollfleece in Rosa, 42 × 12 cm
- Baumwollfleece in Cremeweiß, 15 × 12 cm
- Knisterfolie oder handelsüblicher Bratenschlauch, 15 × 12 cm
- passendes Garn in Rosa
- Wendestab
- waschbare Füllwatte aus 100 % Baumwolle oder Polyester

NÄHMASCHINENSTICHE

- enger Geradstich
- enger Zickzackstich

ZUSCHNITT (SCHNITTMUSTERBOGEN B)

- **Aus dem Baumwollfleece in Rosa:**
  2 × Schnittteil Hase Körper + NZ (gegengleich)
  2 × Schnittteil Hase Löffel (Ohr) + NZ (gegengleich)
- **Aus dem Baumwollfleece in Cremeweiß:**
  2 × Schnittteil Hase Löffel (Ohr) + NZ (gegengleich)
  2 × Schnittteil Hase Blume (Schwänzchen) + NZ (gegengleich)

Tipp & Variante

Achten Sie bei diesem Hasen besonders darauf, dass Sie beim Nähen die engen Rundungen möglichst exakt nachnähen. Heben Sie dazu immer nach ca. 2–3 Stichen bei gesenkter Nadel (!) den Nähfuß an Ihrer Maschine und drehen Sie den Stoff ein bisschen weiter, damit am Ende die enge Rundung zustandekommt.

Der Hase sieht auch aus Baumwolle genäht toll aus, da er schon durch seine Form alleine gut erkennbar ist. Probieren Sie ihn doch auch in etwas größer aus (kopieren auf 150 %). Oder Sie sind mutig und verlängern die Ohren um ca. 3 cm, dann hat der Hase knisternde Schlappohren.

So geht's

1. Legen Sie je ein Schnittteil Löffel (Ohr) in Rosa und Weiß rechts auf rechts aufeinander und je eine Lage Knisterfolie auf eine der linken Seiten und stecken Sie alles fest. Nähen Sie nun einmal mit dem Geradstich außenrum und lassen Sie dabei eine Spitze als Wendeöffnung offen (ca. je 1 cm links und rechts von der Spitze). Schneiden Sie die Ecken gemäß der Anleitung im Grundlagenteil (S. 10) ab. Wenden Sie die Löffel (Ohren) vorsichtig mithilfe des Wendestabs. Legen Sie sie beiseite.
2. Die beiden Schnittteile Blume (Schwänzchen) rechts auf rechts aufeinanderlegen und mit dem Geradstich außenrum nähen. Lassen Sie dabei die gerade Kante des Schwänzchens als Wendeöffnung offen. Schneiden Sie die Rundung gemäß der Anleitung im Grundlagenteil (S. 10) ein und wenden Sie die Blume (das Schwänzchen) mithilfe des Wendestabs.
3. Legen Sie nun die beiden Schnittteile Hase Körper rechts auf rechts aufeinander. Positionieren Sie die Löffel (Ohren) etwas versetzt zwischen die Nahtzugabe am höchsten Punkt des Kopfes (die weißen Innenseiten liegen aufeinander) und den Schwanz am Hinterteil des Hasen (siehe Markierungen Schnittmuster). Die geschlossenen Seiten liegen jeweils innen und die offenen Kanten/Spitzen liegen zwischen den Nahtzugaben. Stecken Sie alles gut fest.
4. Nun nähen Sie mit dem Geradstich einmal außenrum. Dabei lassen Sie am Bauch eine Wendeöffnung von ca. 3–4 cm offen. Schneiden Sie alle Rundungen und Ecken gemäß der Anleitung im Grundlagenteil (S. 10) ein bzw. ab und wenden Sie den Hasen vorsichtig mithilfe des Wendestabs. Arbeiten Sie alle Rundungen, besonders die Beine und die Nase, mit dem Stab schön vorsichtig aus.
5. Füllen Sie den Hasen mit Füllwatte und schließen Sie anschließend die Wendeöffnung, wie im Grundlagenteil (S. 10) beschrieben, mit dem Leiterstich/Matratzenstich von Hand.

LIO LÖWE

RASSEL

SO GROSS BIN ICH

∅ 30 cm (inkl. Mähne)

MATERIAL

- Frottee in Beige, 32 × 16 cm
- kleine Stücke Filz in Weiß, Schwarz und Braun (1–2 mm dick)
- Baumwollkordel in Cremeweiß und Beige, je 1 m
- Baumwollband in Cremeweiß (ca. 1,5 cm breit), 1 m
- passendes Garn in Beige, Weiß, Schwarz und Braun
- Klingelkugel (∅ ca. 2,5 cm) oder Rassel (∅ ca. 3 cm)
- waschbare Füllwatte aus 100 % Baumwolle oder Polyester
- evtl. etwas Vliesofix
- Vlieseinlage (z. B. Vlieseline S 250), 16 × 16 cm
- Trickmarker

NÄHMASCHINENSTICHE

- enger Geradstich
- enger Zickzackstich

ZUSCHNITT (SCHNITTMUSTERBOGEN A)

- **Aus dem Frottee in Beige:**
  2 × Schnittteil Löwe Kopf + NZ (gegengleich)
- **Aus dem weißen Filz:**
  2 × Schnittteil Löwe Auge ohne NZ
- **Aus dem schwarzen Filz:**
  2 × Schnittteil Löwe Pupille (ohne NZ)
- **Aus dem braunen Filz:**
  1 × Schnittteil Löwe Nase (ohne NZ)
- **Aus der Vlieseinlage:**
  1 × Schnittteil Löwe Kopf + NZ
- **Außerdem:**
  8 × 10 cm Baumwollkordel in Beige
  12 × 10 cm Baumwollkordel in Cremeweiß
  8 × 10 cm Baumwollband in Cremeweiß

So geht's

1. Bügeln Sie die Vlieseinlage auf die gesamte linke Seite eines Schnittteils Löwe Kopf. Applizieren Sie Augen und Nase auf der rechten Seite dieses Schnittteils (siehe Markierung auf dem Schnittmuster). Positionieren Sie dazu erst die weißen Augen auf dem beigen Frottee. Stecken und steppen Sie sie mit dem Geradstich und weißem Garn außenrum fest. Bei Bedarf, applizieren Sie mit Vliesofix. Verfahren Sie genauso mit den Pupillen und der Nase. Nähen Sie hier mit dem schwarzen bzw. braunen Garn.
2. Markieren Sie nun mit dem Trickmarker die Schnauze unterhalb der Nase (siehe Foto) und nähen Sie die Markierung mit engem Zickzackstich und dem braunen Garn nach.
3. Legen Sie nun die beiden Schnittteile des Löwenkopfes rechts auf rechts aufeinander. Machen Sie in jeweils ein Ende der zugeschnittenen Kordel und Bänder einen Knoten. Positionieren Sie die Kordel und Bänder abwechselnd zwischen den Nahtzugaben des Kopfes einmal außenrum. Die Knoten liegen innen, die offenen Seiten zeigen nach außen. Stecken Sie alles gut fest und nähen Sie mit dem Geradstich außenrum. Falls möglich, nähen Sie mehrfach über die Kordel vor und zurück, damit sich beim Spielen und Kuscheln nichts lösen kann. Lassen Sie an beliebiger Stelle eine Wendeöffnung von ca. 3–4 cm. Achten Sie darauf, dass sich dort keine Kordel befindet oder nähen Sie an dieser Stelle die Kordel nur auf einer Seite der NZ mit dem Geradstich fest.
4. Schneiden Sie die Nahtzugabe anschließend knapp zurück und wenden Sie den Löwen.
5. Füllen Sie den Löwen mit Füllwatte und Rassel oder Klingel und schließen Sie anschließend die Wendeöffnung, wie im Grundlagenteil (S. 10) beschrieben, mit dem Leiterstich/Matratzenstich von Hand.

Tipp

Sie können statt der Baumwollkordel auch verschiedene Webbänder in Schlaufen einnähen, so wird die Mähne des Löwen etwas bunter.

OPHELIA EULE

RASSEL

SO GROSS BIN ICH

B × L: 26 × 19 cm

MATERIAL

- Baumwollstoff in Bunt gepunktet, 40 × 25 cm
- Biobaumwollstoff in Pink, 20 × 10 cm
- Biobaumwollstoff in Mint, 20 × 10 cm
- Knisterfolie oder handelsüblicher Bratenschlauch, 20 × 20 cm
- Filz in Schwarz, 20 × 6 cm
- Filz in Weiß, 15 × 8 cm
- passendes Garn in Pink, Mint, Weiß, Schwarz
- Klingelkugel (Ø ca. 2,5 cm) oder Rassel (Ø ca. 3,7 cm)
- Trickmarker
- Wendestab
- waschbare Füllwatte aus 100 % Baumwolle oder Polyester
- Vlieseinlage (z. B. Vlieseline S 250), 20 × 25 cm

NÄHMASCHINENSTICHE

- enger Geradstich
- enger Zickzackstich

ZUSCHNITT (SCHNITTMUSTERBOGEN A)

- **Aus dem Baumwollstoff in Bunt gepunktet:**
  2 × Schnittteil Eule Körper + NZ (gegengleich)
- **Aus dem Biobaumwollstoff Pink und Mint:**
  4 × Schnittteil Eule Flügel + NZ (je 2 × gegengleich)
- **Aus dem schwarzen Filz:**
  1 × Schnittteil Eule Schnabel (ohne NZ)
  2 × Schnittteil Eule Fuß (ohne NZ)
- **Aus dem weißen Filz:**
  2 ×Schnitteil Eule Auge (ohne NZ)
- **Aus der Vlieseinlage:**
  1 × Schnittteil Eule Körper (ohne NZ)

Übertragen Sie die Markierung der Wimpern mit dem Trickmarker auf den Filz.

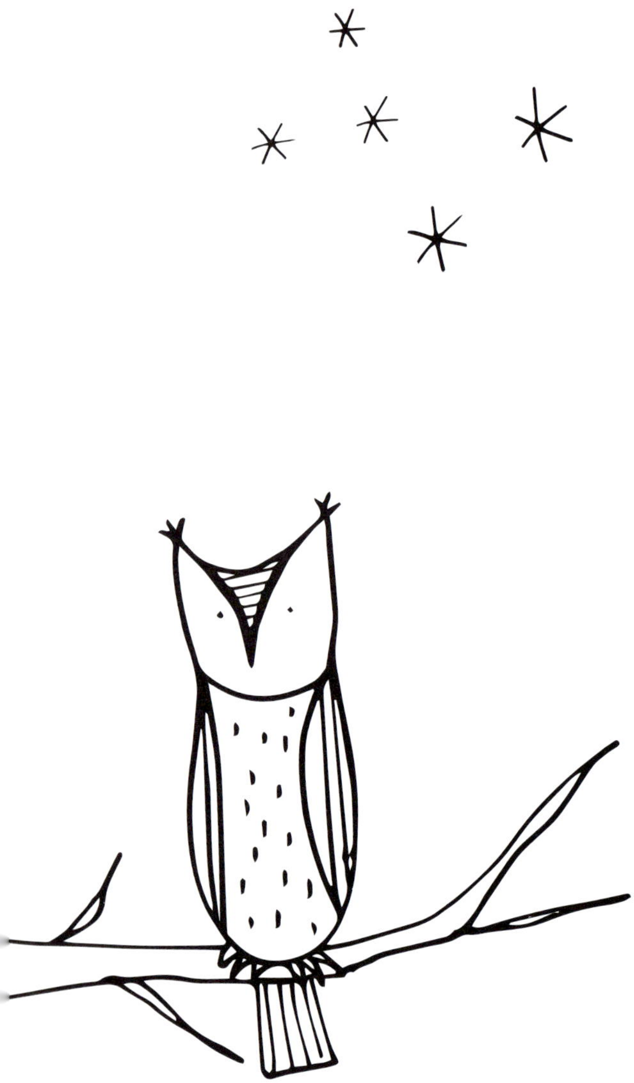

So geht's

1 Bügeln Sie die Vlieseinlage auf die gesamte linke Stoffseite eines der Schnittteile Eule Körper. Legen Sie den Schnabel mittig auf die rechte Seite dieses Schnittteils des Eulenkörpers, stecken und nähen Sie ihn knappkantig mit dem Geradstich und schwarzem Garn ringsum fest.

2 Nun positionieren Sie die Augen oberhalb der Mitte ziemlich eng nebeneinander darüber. Die Augen überlappen die oberen Ecken des Schnabels (siehe Schnittmuster). Stecken Sie alles gut fest und nähen Sie knappkantig mit Geradstich und dem weißen Garn auch hier ringsherum.

3 Nähen Sie nun die Markierung der Wimpern mit dem Geradstich und schwarzem Garn auf den beiden Schnittteilen Auge nach. Nähen Sie ruhig zweimal leicht versetzt über die Markierung, so bekommt die Naht eher einen handgestickten Charakter, oder sticken Sie die Wimpern von Hand auf. Legen Sie den Körper beiseite.

4 Legen Sie die pinken Flügel rechts auf rechts aufeinander und legen Sie noch eine Schicht Knisterfolie auf eine der linken Seiten. Stecken und nähen Sie anschließend mit dem Geradstich und pinkem Garn außenrum. Lassen Sie dabei die gerade Kante des Flügels als Wendeöffnung offen. Schneiden Sie alle Rundungen und Ecken gemäß der Anleitung im Grundlagenteil (S. 10) ein bzw. ab und wenden Sie den Flügel mithilfe des Wendestabs. Arbeiten Sie alle Rundungen mit dem Stab schön aus und bügeln Sie den Flügel vorsichtig.

5 Verfahren Sie nun genauso mit dem mintfarbenen Flügel.

6 Legen Sie die beiden Schnittteile des Körpers rechts auf rechts aufeinander und positionieren Sie die Flügel und die beiden Füße zwischen den Nahtzugaben. Die Flügel sitzen rechts und links oben direkt unter den "Ohren" und die Füße unten dicht nebeneinander (siehe Markierung auf dem Schnittmuster). Die geraden Kanten der jeweiligen Teile zeigen nach außen. Stecken und nähen Sie nun alles mit engem Geradstich fest. Nähen Sie mehrfach vor und zurück über die Flügel und die Füße, damit sich später nichts lösen kann, und lassen Sie eine Wendeöffnung von ca. 4 cm an einer Seite zwischen Flügel und Fuß offen.

7 Schneiden Sie alle Rundungen und Ecken gemäß der Anleitung im Grundlagenteil (S. 10) ein bzw. ab und wenden Sie die Eule mithilfe des Wendestabs. Arbeiten Sie alle Ecken und Rundungen mit dem Stab vorsichtig aus und bügeln Sie die Eule.

8 Füllen Sie die Eule nun mit Füllwatte und Rassel oder Klingelkugel und schließen Sie die Wendeöffnung anschließend, wie im Grundlagenteil (S. 10) beschrieben, mit dem Leiterstich/Matratzenstich von Hand.

Tipp

Probieren Sie hier verschiedene Farben und Muster aus. Da die Eule recht klein ist, achten Sie darauf, lieber kleingemusterte Stoffe zu verwenden, sonst kommt das Muster nicht recht zur Geltung. Sie können der Eule auch Pupillen aufnähen. Diese finden Sie z. B. beim Schnittmuster der Monster.

ELEFANT BADABU

RASSEL

SO GROSS BIN ICH

B × L: 37 × 20 cm (inkl. Kordel)

MATERIAL

- Baumwollcord in Senfgelb, 60 × 25 cm
- Baumwollstoff mit Rautenmuster in Schwarz-Weiß, 45 × 12 cm
- Baumwollkordel in Schwarz, 15 cm
- kleines Stück schwarzer Filz für die Augen
- Klingelkugel (Ø ca. 2,5 cm) oder Rassel (Ø ca. 3,7 cm) oder Quietsche (Ø ca. 5 cm)
- Knisterfolie oder handelsüblicher Bratenschlauch, 25 × 12 cm
- Wendestab
- Trickmarker
- waschbare Füllwatte aus 100 % Baumwolle oder Polyester

NÄHMASCHINENSTICHE

- enger Geradstich
- Geradstich mit Zwillingsnadel
- Overlockstich (alternativ: enger Zickzackstich)

ZUSCHNITT (SCHNITTMUSTERBOGEN A)

- **Aus dem Baumwollcord in Senfgelb:**
  2 × Schnittteil Elefant Körper + NZ (gegengleich)
- **Aus dem Baumwollstoff in Schwarz-Weiß:**
  4 × Schnittteil Elefant Ohr + NZ (je 2 × gegengleich)
- **Aus dem schwarzen Filz:**
  2 × Schnittteil Elefant Auge (ohne NZ)

So geht's

1 Legen Sie je zwei Ohren rechts auf rechts aufeinander und positionieren Sie jeweils eine Hälfte der Knisterfolie auf einer der linken Seiten. Stecken Sie alles fest.

2 Nähen Sie die Ohren jeweils einmal außenrum mit engem Geradstich fest. Lassen Sie die kleine gerade Seite als Wendeöffnung frei. Schneiden Sie alle Rundungen gemäß der Anleitung im Grundlagenteil (S. 10) ein und wenden Sie die Ohren anschließend vorsichtig mithilfe des Wendestabs und bügeln Sie sie.

3 Schließen Sie anschließend die Wendeöffnung der Ohren jeweils mit dem Overlockstich Ihrer Maschine (alternativ: enger Zickzackstich).

4 Falten Sie die soeben versäuberte Kante mit dem Overlockstich nach hinten ca. 1 cm ein (ggf. bügeln) und stecken Sie je ein Ohr mittig auf den Schnittteilen des Elefantenkörpers fest (siehe Markierung auf dem Schnittmuster). Nähen Sie mit der Zwillingsnadel und dem Geradstich einmal von oben nach unten über den umgeknickten Ohransatz, sodass die nach hinten gefaltete Overlocknaht möglichst zwischen den beiden Nähten der Zwillingsnaht verschwindet. Alternativ können Sie den Ohransatz auch mit einer einzelnen Nadel und je zwei, möglichst parallel laufenden Nähten, feststeppen.

5 Stecken Sie nun die Augen jeweils auf einem Schnittteil des Elefantenkörpers fest (siehe Markierung auf dem Schnittmuster) und steppen Sie sie mit dem Geradstich kreuzförmig fest, indem Sie einmal von oben nach unten und einmal von rechts nach links über das Auge nähen.

6 Fügen Sie nun den Elefanten zusammen. Legen Sie beide Körper-Schnittteile mit Augen und Ohren rechts auf rechts. Machen Sie einen Knoten in ein Ende der schwarzen Kordel und positionieren Sie sie hinten mittig zwischen dem Elefanten. Der Knoten zeigt nach innen, das offene Ende liegt zwischen beiden Nahtzugaben. Stecken Sie alles gut fest.

7 Nähen Sie nun mit dem Geradstich einmal ringsum und lassen sie eine Wendeöffnung von ca. 4 cm am Hinterbein unterhalb der Kordel.

8 Schneiden Sie alle Rundungen und Ecken gemäß der Anleitung im Grundlagenteil (S. 10) ein bzw. ab und wenden Sie den Elefant mithilfe des Wendestabs. Arbeiten Sie alle Rundungen und Ecken vorsichtig aus und bügeln Sie den Elefanten anschließend.

9 Füllen Sie den Elefanten mit Füllwatte und Rassel, Klingel oder Quietsche und schließen Sie die Wendeöffnung anschließend, wie im Grundlagenteil (S. 10) beschrieben, mit dem Leiterstich/Matratzenstich von Hand.

Tipp

Experimentieren Sie mit Farben und Materialien. Alles aus Baumwolle ist hier erlaubt. Oder ver wenden Sie die Augen des Drachen. Das gibt dem Elefanten einen ganz anderen Stil.

EIS, EIS, BABY!

RASSEL

MATERIAL (JE EISHÖRNCHEN)

- Baumwollstoff in Beige-Weiß kariert (Variante: Beige gepunktet), 16 × 12 cm
- Baumwollstoff in Pink gepunktet (Variante: Gelb gepunktet, Streuselstoff), 20 × 8 cm
- Zackenlitze in Gelb (alternativ: Pink), ca. 16 cm
- für die Variante mit Streuselsahne-Topping: Streuselstoff, 10 × 5 cm
- waschbare Füllwatte aus 100 % Baumwolle oder Polyester
- Klingelkugel (Ø ca. 2 cm)

ZUSCHNITT (EISHÖRNCHEN SCHNITTMUSTERBOGEN A)

- **Aus dem Baumwollstoff in Beige-Weiß kariert:**
  2 × Schnittteil Eis Waffel + NZ (gegengleich)
- **Aus dem Baumwollstoff in Pink gepunktet:**
  2 × Schnittteil Eis Kugel A + NZ (gegengleich)

MATERIAL (FÜR BEIDE MODELLE)

- Baumwollstoff in Beige-Weiß kariert (alternativ: Beige gepunktet), 16 × 12 cm
- Baumwollstoff in Pink gepunktet (alternativ): Gelb gepunktet, Streuselstoff), 20 × 8 cm
- Zackenlitze in Gelb (alternativ: Pink), ca. 16 cm
- für die Alternative mit Streuselsahne-Topping: Streuselstoff, 10 × 5 cm

MATERIAL (JE EIS AM STIEL)

- Baumwollstoff in Weiß mit Streuseln (Variante: Hellblau mit großen Punkten), 18 × 12 cm
- Baumwollstoff in Pink gepunktet, 18 × 7 cm
- Baumwollstoff in Gelb gepunktet (Variante: Beige gepunktet), 10 × 6 cm

ZUSCHNITT (EIS AM STIEL SCHNITTMUSTERBOGEN A)

- **Aus dem Baumwollstoff in Weiß mit Streuseln:**
  2 × Schnittteil Eis am Stiel + NZ (gegengleich)
- **Aus dem Baumwollstoff in Pink gepunktet:**
  2 × Schnittteil Eis Topping B

  Hinweis:
  An der oberen runden Kante bitte NZ hinzufügen. Die Unterkante wird ohne NZ appliziert (siehe Markierung).
- **Aus dem Baumwollstoff in Gelb gepunktet:**
  2 × Schnittteil Stiel + NZ (gegengleich)

SO GROSS SIND WIR

- Eishörnchen: B × L: 6 × 12 cm
- Eis am Stiel: B × L: 5 × 11 cm

NÄHMASCHINENSTICHE

- enger Geradstich
- enger Zickzackstich

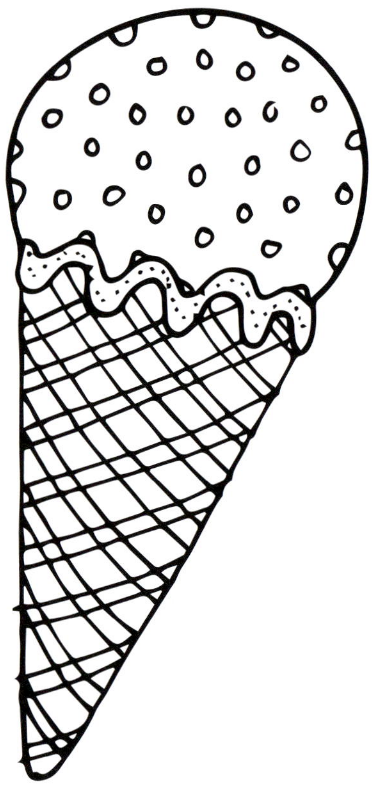

So geht's EISHÖRNCHEN

1. Legen Sie je ein Schnittteil Waffel und ein Schnittteil Kugel A rechts auf rechts aufeinander, stecken Sie alles fest und nähen Sie die beiden Schnittteile entlang der geraden Kante mit dem Geradstich zusammen. Verfahren Sie genauso mit der zweiten Hälfte des Eishörnchens.

2. Applizieren Sie nun die Zackenlitze. Teilen Sie dazu die Zackenlitze in zwei gleich lange Teile und stecken Sie je eine Hälfte auf die Naht zwischen Kugel und Waffel. Stecken Sie die Zackenlitze fest und nähen Sie mit dem Geradstich mittig über die Zackenlitze.

3. Legen Sie nun die beiden Hälften des Eishörnchens rechts auf rechts aufeinander und stecken Sie sie fest. Achten Sie dabei darauf, dass die Zackenlitze an den Kanten genau aufeinander liegen. Nähen Sie mit dem Geradstich außenrum und lassen Sie auf einer Seite der Waffel eine Wendeöffnung von ca. 4 cm. Schneiden Sie die Spitze und die Rundungen gemäß der Anleitung im Grundlagenteil (S. 10) ab bzw. ein und wenden Sie das Eishörnchen mithilfe des Wendestabs. Arbeiten Sie die Spitze der Waffel vorsichtig aus.

4. Bügeln und füllen Sie das Eishörnchen mit Füllwatte und einer Klingelkugel und schließen Sie die Wendeöffnung anschließend, wie im Grundlagenteil (S. 10) beschrieben, mit dem Leiterstich/Matratzenstich von Hand. Fertig ist die Schleckerei.

Variante

Schneiden Sie hier, **statt Schnittteil Eis Kugel A das Schnittteil Eis Kugel B** aus gelb gepunktetem Baumwollstoff gegengleich mit Nahtzugabe **und das Schnittteil Eis Topping A** aus weißem Baumwollstoff mit Streuseln an der Oberkante mit Nahtzugabe und an der Unterkante ohne Nahtzugabe gegengleich zu. Applizieren Sie in Schritt 2 **statt der Zackenlitze das Topping A mit etwas Vliesofix** (wie beschrieben im Grundlagenteil S. 7) und nähen Sie die Unterkante mit engem Zickzackstich auf der Kugel oben fest. Dann verfahren Sie weiter, wie oben beschrieben.

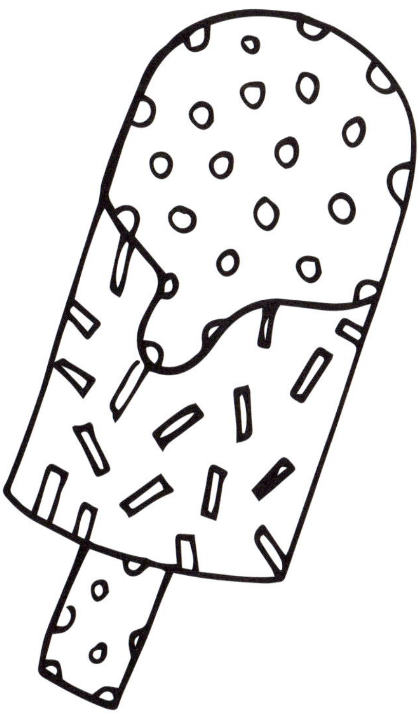

So geht's EIS AM STIEL

1. Legen Sie je ein Schnittteil Eis am Stiel und ein Schnittteil Eis Stiel rechts auf rechts aufeinander. Stecken Sie es fest und nähen Sie beides an der Verbindungsnaht mit dem Geradstich zusammen.
2. Applizieren Sie nun je ein Schnittteil Eis Topping B auf dem Eis am Stiel. Verwenden Sie hierbei Vliesofix gemäß der Anleitung im Grundlagenteil (S. 7) und steppen Sie anschließend die Unterkante mit einem engen Zickzackstich auf dem Eis fest.
3. Legen Sie nun beide Hälften des Eis rechts auf rechts aufeinander und stecken Sie sie fest. Nähen Sie mit dem Geradstich außenrum und lassen Sie auf einer Seite des Eis eine Wendeöffnung von ca. 4 cm. Schneiden Sie Ecken und Rundungen gemäß der Anleitung im Grundlagenteil (S. 10) ab bzw. ein und wenden Sie das Eis. Arbeiten Sie mit dem Wendestab alle Ecken und Rundungen schön aus.
4. Bügeln und füllen Sie nun das Eis am Stiel mit Füllwatte und Klingelkugel und schließen Sie die Wendeöffnung anschließend, wie im Grundlagenteil (S. 10) beschrieben, mit dem Leiterstich/Matratzenstich.

Tipp

Sie können hier jeden Baumwollstoff verwenden, der Ihrer Meinung nach eine tolle Eissorte sein könnte. Stoffreste finden hier z. B. noch eine wundervolle Verwendung.

DINKELKATZE

WÄRMEKISSEN

SO GROSS BIN ICH

B × L: 14 × 12 cm

MATERIAL

- Baumwollfrottee in Cremeweiß (Variante: Wollstoff in Mintgrün), 40 × 15 cm
- Filz in Grau oder Cremeweiß, 8 × 8 cm
- passendes Garn in Cremeweiß, Mintgrün und Grau
- Trickmarker
- Wendestab
- Biodinkel, ca. 100 g
- Esslöffel und Trichter zum Befüllen
- Vlieseinlage (z. B. Vlieseline S 250), 20 × 15 cm

NÄHMASCHINENSTICHE

- enger Geradstich
- enger Zickzackstich

ZUSCHNITT (SCHNITTMUSTERBOGEN A)

- **Aus dem Baumwollfrottee (oder Wollstoff):** 2×Schnittteil Dinkelkatze Kopf + NZ (gegengleich)
- **Aus dem grauen (oder cremeweißen) Filz:** 1 × Schnittteil Dinkelkatze Stirn (schneiden Sie die Stirn nur mit NZ an der Oberkante, da diese später in der Naht mit eingefasst wird. Die anderen drei Seiten werden ohne NZ appliziert.)
- **Aus der Vlieseline:** 1 × Schnittteil Dinkelkatze Kopf (ohne NZ)

  ✎ Übertragen Sie die Markierungen für Stirnansatz, Augen und Schnauze mit dem Trickmarker auf den Stoff.

So geht's

1. Bügeln Sie die Vlieseinlage auf die gesamte Rückseite eines Schnittteils Dinkelkatze Kopf. Stecken Sie anschließend die Stirn aus Filz auf diese Seite des Kopfes aus Baumwollfrottee fest. Nähen Sie sie mit einem engen Zickzackstich und grauem Garn an den Seiten und der Unterkante fest. Die Oberkante wird später beim Zusammennähen mit eingefasst. Verwenden Sie dazu das schwarze Garn.
2. Zeichnen Sie Augen und Nase mit dem Trickmarker auf das Gesicht (siehe Markierung auf dem Schnittmuster) und nähen Sie die Linien mit engem Zickzackstich nach.
3. Legen Sie nun die beiden Teile des Kopfs rechts auf rechts aufeinander und stecken Sie alles fest. Nähen Sie mit engem Geradstich einmal ringsum.
   Lassen Sie dabei am Kinn der Katze eine Wendeöffnung von ca. 3 cm frei (siehe Markierung auf dem Schnittmuster).
4. Schneiden Sie die Ecken und Rundungen gemäß der Anleitung im Grundlagenteil (S. 10) ab bzw. ein und wenden Sie die Katze. Arbeiten Sie die Ohren mithilfe des Wendestabs schön aus.
5. Wenden und füllen Sie die Katze durch die Wendeöffnung. Am besten mit einem Trichter und einem Esslöffel. Füllen Sie nicht zu viel Dinkel ein, damit die Katze auf Babys Bauch nicht zu schwer ist.
6. Schließen Sie anschließend die Wendeöffnung, wie im Grundlagenteil (S. 10) beschrieben, mit dem Leiterstich/Matratzenstich von Hand.

Tipp

Probieren Sie die Katze doch auch mal aus bunter Baumwolle oder mit einer anderen Körnerfüllung aus. Möchten Sie die Dinkelkatze gerne jemand „Großem" schenken? Kein Problem! Kopieren Sie die Katze auf 150 % und füllen Sie sie mit Kirschkernen.

HERZ

SPIELUHR

SO GROSS BIN ICH

B × L: 19 × 15 cm (ohne Spieluhrband)

MATERIAL

- Baumwollstoff in Rosa geblümt, 50 × 21 cm
- Baumwollkordel in Beige, 20 cm
- passendes Garn in Rosa
- Spieluhr-Rohling (Melodie nach Wahl)
- Knopf (Ø 1 cm)
- evtl. 1–3 Holzperlen unbehandelt
- Wendestab
- Nahttrenner oder spitze Schere
- Füllwatte aus 100 % Baumwolle oder Polyester

NÄHMASCHINENSTICH

- enger Geradstich

ZUSCHNITT (SCHNITTMUSTERBOGEN A)

- **Aus dem Baumwollstoff in Rosa geblümt:** 2× Schnittteil Herz groß + NZ (gegengleich)

Tipp

Ist Ihnen das einfache Herz zu langweilig? Applizieren Sie doch das kleine Herz (siehe Schnittmuster) aus Baumwollplüsch oder aus Cord, vielleicht mit einem Namen und Geburtsdatum daraufgestickt, auf die Front des großen Herzen. Schon ist Ihre Spieluhr zum Verschenken ganz individuell.

So geht's

1. Nähen Sie mit dem Knopflochstich oder der Knopflochautomatik Ihrer Maschine ein Knopfloch in die untere Mitte eines der beiden Schnittteile (ca. 2,5 cm von der unteren Spitze). Dafür spannen Sie den Knopf in den Knopflochfuß Ihrer Maschine ein.
Lassen Sie das Knopfloch noch geschlossen.

2. Legen Sie beide Schnittteile des Herzens rechts auf rechts aufeinander und positionieren Sie die Baumwollkordel in einer Schlaufe an der oberen Mitte dazwischen. Die Schlaufe liegt innen, die offenen Enden der Kordel zeigen zur Naht. Stecken Sie alles gut fest und nähen Sie anschließend mit dem Geradstich einmal rundum. Nähen Sie mehrfach vor und zurück über die Kordel, damit sich später nichts lösen kann. Lassen Sie dabei eine Wendeöffnung von ca. 4 cm an einer geraden Seite des Herzens offen.

3. Schneiden Sie alle Rundungen und Ecken gemäß der Anleitung im Grundlagenteil (S. 10) ein und wenden Sie das Herz mithilfe des Wendestabs. Arbeiten Sie alle Rundungen und Ecken mit dem Stab schön vorsichtig aus und bügeln Sie das Herz anschließend.

4. Öffnen Sie nun das Knopfloch vorsichtig mit einem Nahttrenner oder einer spitzen Schere. Füllen Sie das Herz mit Füllwatte und fügen Sie die Spieluhr mittig ein, sodass sie von allen Seiten schön gepolstert ist. Lösen Sie dazu den Knoten in der Schnur der Spieluhr und nehmen Sie die „Aufziehperle" ab, stecken Sie die Schnur von innen durch das Knopfloch und knoten Sie anschließend die Perle außen wieder fest, oder ersetzen Sie sie durch eine oder mehrere Holzperlen. Schließen Sie die Wendeöffnung anschließend, wie im Grundlagenteil (S. 10) beschrieben, mit dem Leiterstich/Matratzenstich von Hand.

MAUS

GREIFLING

SO GROSS BIN ICH

B × L: 18 × 8 cm (inkl. Schwanz)

MATERIAL

- Baumwollfleece in Hellgrau, 34 × 15 cm
- kleines Stück schwarzer Filz (für das Ohr und die Nase)
- Baumwollkordel in Grau, 10 cm
- Klingelkugel (Ø ca. 2,5 cm)
- passendes Garn in Hellgrau und Schwarz
- Wendestab
- waschbare Füllwatte aus 100 % Baumwolle oder Polyester
- Trickmarker

NÄHMASCHINENSTICHE

- enger Geradstich
- enger Zickzackstich

ZUSCHNITT (SCHNITTMUSTERBOGEN B)

- **Aus dem Baumwollfleece in Hellgrau:** 2 × Schnittteil Maus Körper + NZ (gegengleich)

  Übertragen Sie die Markierung für den inneren Ring mit einem Trickmarker auf die linke Seite der Maus.
- **Aus dem schwarzen Filz:** 1 × Schnittteil Maus Innenohr (ohne NZ) 1 × Schnittteil Maus Nase (ohne NZ)

Tipp

Sie können auch eine „Knister-Maus" nähen. Legen Sie hierzu in Schritt 3 einfach Knisterfolie oder Bratenschlauch auf eine linke Seite der Maus und fahren Sie wie oben beschrieben fort.

So geht's

1. Applizieren Sie das Innenohr aus schwarzem Filz an der markierten Stelle auf einem der beiden Schnittteile der Maus mit dem Geradstich und schwarzem Garn. Verfahren Sie anschließend genauso mit der Nase (evtl. Markierungen mit dem Trickmarker auf den Stoff übertragen).

2. Nähen Sie nun das Auge und den Schnurrbart mit engem Zickzackstich ebenfalls mit schwarzem Garn auf. Markieren Sie die Stellen evtl. vorher mit einem Trickmarker (siehe Markierungen Schnittmuster).

3. Legen Sie nun beide Schnittteile des Körpers der Maus rechts auf rechts aufeinander. Machen Sie einen Knoten in ein Ende der Baumwollkordel und positionieren Sie diese am Hinterteil zwischen den Nahtzugaben. Der Knoten liegt innen, die offene Seite der Kordel zwischen den Nahtzugaben. Stecken Sie alles gut fest und steppen Sie mit dem Geradstich außenrum. Steppen Sie ebenso entlang der Markierung des inneren Rings mit dem Geradstich ab. Lassen Sie hierbei jeweils eine winzige Lücke in beiden Nähten an der Schnittlinie (siehe Apfelring S. 73). **Wichtig:** Vernähen Sie hier auf jeden Fall am Anfang und Ende der Nähte entweder mit der Funktion „Punktvernähen" Ihrer Maschine oder, indem Sie 3 Stiche vor- und zurücknähen, damit sich die Naht später beim Wenden und Füllen nicht zu weit öffnet.

4. Schneiden Sie nun entlang der Schnittlinie (siehe Markierung auf dem Schnittmuster) durch beide Lücken in der Naht bis in den inneren Kreis. Schneiden Sie diesen bis auf eine Nahtzugabe aus. Schneiden Sie die Rundungen und Ecken gemäß der Anleitung im Grundlagenteil (S. 10) ein und wenden Sie die Maus mithilfe des Wendestabs durch die Öffnung an der Schnittlinie.

6. Falten Sie die Maus so, dass die Hälfte der beiden Öffnungen an der Schnittlinie rechts auf rechts aufeinandertreffen (siehe Apfelring S. 73). Stecken und steppen Sie die halbe Wendeöffnung der Maus mit dem Geradstich zu.

7. Füllen Sie die Maus mit Füllwatte und Klingelkugel und schließen Sie die Wendeöffnung anschließend, wie im Grundlagenteil (S. 10) beschrieben, mit dem Leiterstich/Matratzenstich von Hand.

ST. ANKER

RASSEL

SO GROSS BIN ICH

B × L: 14 × 25 cm (inkl. Kordel)

MATERIAL

- Baumwollstoff in Blau mit Wellen (Variante: Cordstoff in Rot), 40 × 25 cm
- Baumwollkordel in Rot (Variante: Blau), 10 cm
- Für die Variante: Baumwoll-Webband mit blauen Sternen, 10 cm und 1–3 Holzperlen
- passendes Garn in Rot oder Blau
- Klingelkugel (Ø maximal 2,5 cm)
- Wendestab
- waschbare Füllwatte aus 100 % Baumwolle oder Polyester

NÄHMASCHINENSTICH

- enger Geradstich

ZUSCHNITT (SCHNITTMUSTERBOGEN A)

- **Aus dem Baumwollstoff in Blau mit Wellen:** 2 × Schnittteil Anker + NZ (gegengleich)

So geht's

1. Legen Sie beide Schnittteile des Ankers rechts auf rechts aufeinander und positionieren Sie die rote Baumwollkordel oben mittig in einer Schlaufe dazwischen. Die Schlaufe liegt innen, die offenen Kanten der Kordel zeigen nach oben. Stecken Sie alles gut fest.
2. Nun nähen Sie mit dem Geradstich einmal außenrum fest. Nähen Sie über die Kordel mehrfach vor und zurück, damit sie sich später beim Spielen nicht lösen kann. Lassen Sie dabei eine Wendeöffnung von ca. 4 cm an der Seite des Ankers.
3. Schneiden Sie alle Rundungen und Ecken gemäß der Anleitung im Grundlagenteil (S. 10) ein bzw. ab und wenden Sie den Anker mithilfe des Wendestabs. Arbeiten Sie alle Rundungen und Ecken mit dem Stab schön vorsichtig aus und bügeln Sie den Anker.
4. Füllen Sie den Anker mit Füllwatte und Klingelkugel und schließen Sie die Wendeöffnung anschließend, wie im Grundlagenteil (S. 10) beschrieben, mit dem Leiterstich/Matratzenstich von Hand.

Tipp

Für die Variante aus rotem Cord nähen Sie den Anker gleich. Fügen Sie die blaue Kordel mit den Holzperlen und das Baumwoll-Webband mit blauen Sternen ebenfalls in Schritt 1 einfach zwischen beide Schnittteile des Ankers.

ADELE UKULELE

RASSEL

SO GROSS BIN ICH

B × L: 10 × 25 cm

MATERIAL

- Baumwollstoff in Blau mit Sternen, 30 × 32 cm
- schwarzer Filz (1–2 mm dick), 5 × 5 cm
- Garn in Kontrastfarbe (Neongrün oder Neonpink)
- Vlieseinlage (z. B. Vlieseline S 250), 15 × 32 cm
- Klingelkugel (Ø ca. 2,5 cm) oder Rassel (Ø ca. 3,7 cm)
- Wendestab
- Trickmarker
- waschbare Füllwatte aus 100 % Baumwolle oder Polyester

NÄHMASCHINENSTICHE

- enger Geradstich
- enger Zickzackstich

ZUSCHNITT (SCHNITTMUSTERBOGEN B)

- **Aus dem Baumwollstoff:**
  2 × Schnittteil Korpus
  + NZ (gegengleich)

  Übertragen Sie die Markierungen für die Saiten auf die rechte Seite eines der beiden Teile.
- **Aus dem schwarzen Filz:**
  1 × Schnittteil Kreis (ohne NZ)
- **Aus der Vlieseinlage:**
  1 × Schnittteil Korpus (ohne NZ)

So geht's

1. Bügeln Sie die Vlieseinlage auf die Rückseite des Schnittteils Korpus, auf das Sie die Saiten gezeichnet haben. Positionieren Sie den Kreis aus schwarzem Filz gemäß der Markierung (evtl. mit dem Trickmarker vorher anzeichnen) auf derselben Seite der Ukulele und steppen Sie knappkantig mit Kontrastgarn ringsum. Schneiden Sie evtl. Unebenheiten mit einer Fadenschere am Filz nach.
2. Nähen Sie die Längsmarkierungen der Saiten mit engem Geradstich, die Quermarkierungen mit engem Zickzackstich ebenfalls mit Kontrastgarn nach.
3. Legen Sie die beiden Schnittteile der Ukulele rechts auf rechts aufeinander und stecken Sie sie außenrum fest. Nähen Sie nun mit Geradstich rundum und lassen Sie eine Wendeöffnung von ca. 4 cm an einer Seite offen (siehe Markierung Schnittmuster).
4. Schneiden Sie alle Rundungen und Ecken gemäß der Anleitung im Grundlagenteil (S. 10) ein und wenden Sie die Ukulele mithilfe des Wendestabs. Arbeiten Sie alle Rundungen und Ecken mit dem Stab schön vorsichtig aus und bügeln Sie die Ukulele anschließend.
5. Füllen Sie die Ukulele mit Füllwatte und Rassel oder Klingelkugel und schließen Sie die Wendeöffnung anschließend, wie im Grundlagenteil (S. 10) beschrieben, mit dem Leiterstich/Matratzenstich von Hand.

SÄGE & SCHRAUBENDREHER

RASSEL

SO GROSS SIND WIR

- Säge: B × L: 17 × 9 cm
- Schraubendreher: B × L: 5 × 16 cm

MATERIAL

- Cordstoff in Grau, 30 × 22 cm
- Cordstoff in Rot, 14 × 10 cm
- Filz in Rot (3–4 mm dick), 14 × 10 cm
- Klingelkugel (Ø ca. 2,5 cm) oder Rassel (Ø ca. 3,7 cm)
- passendes Garn in Grau und Rot
- Wendestab
- antibakterielle, waschbare Füllwatte aus 100 % Baumwolle oder Polyester

NÄHMASCHINENSTICHE

- enger Geradstich
- enger Zickzackstich

ZUSCHNITT (SCHNITTMUSTERBOGEN B)

- **Aus dem grauen Cord:**
  2 × Schnittteil Schraubendreher Oberteil + NZ (gegengleich)
  2 × Schnittteil Säge Sägeblatt + NZ (gegengleich)
  ✂ Schneiden Sie beim Zuschnitt die Zacken nicht aus, sondern eine gerade Unterkante (plus NZ!). Übertragen Sie die Zacken mit dem Trickmarker auf die linke Seite des Stoffs.
- **Aus dem roten Cord:**
  2 × Schnittteil Schraubendreher Griff + NZ (gegengleich)
- **Aus dem roten Filz:**
  2 × Schnittteil Säge Griff (ohne NZ)

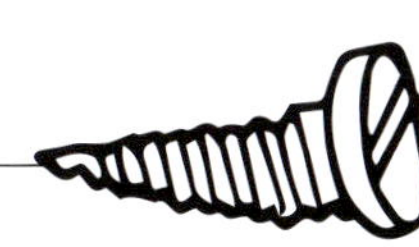

So geht's SÄGE

1 Legen Sie die beiden Sägeblätter rechts auf rechts und stecken Sie die langen Seiten und die Spitze der Säge zusammen. Die Griffseite bleibt als Wendeöffnung offen. Nähen Sie nun mit dem Geradstich nach. Achten Sie darauf, die kleinen Zacken mit besonderer Sorgfalt zu nähen, damit sie später auch schön zur Geltung kommen. Schneiden sie die Ecken und Spitzen gemäß der Anleitung im Grundlagenteil (S. 10) bis zur Naht vorsichtig ein bzw. ab. Wenden Sie das Sägeblatt mithilfe des Wendestabs und arbeiten Sie die Ecken und Zacken schön nach außen.

2 Füllen Sie nun das Sägeblatt mit Füllwatte und einer Klingelkugel oder Rassel.

3 Legen Sie das Sägeblatt zwischen die beiden Griffteile (die Rundung zeigt zum Sägeblatt) und stecken Sie alles gut fest. Nähen Sie mit dem Geradstich einmal knapp an der Außenkante des Griffs entlang und fassen Sie dabei das Sägeblatt mit ein (hier ist viel Feingefühl gefragt, damit beim Nähen das Sägeblatt nicht aus dem Griff rutscht). Anschließend nähen Sie knappkantig um das Griffloch herum.
Nun ist die Säge fertig.

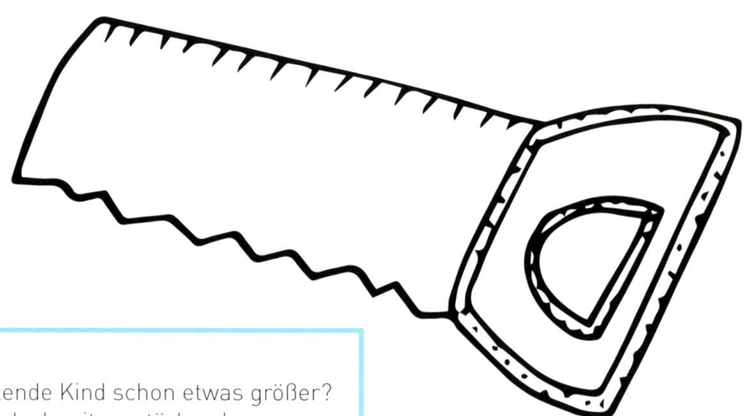

Tipp

Ist das zu beschenkende Kind schon etwas größer? Nähen Sie die Säge doch mit verstärkender Vlieseline im Sägeblatt, dann kann damit an der Kinderwerkbank „fast echt" gesägt werden.

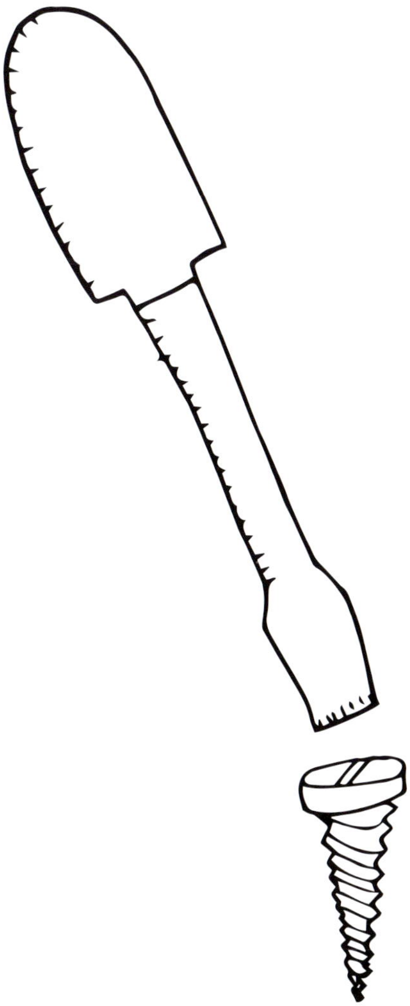

So geht's SCHRAUBENDREHER

1 Legen Sie je ein Oberteil und einen Griff des Schraubendrehers rechts auf rechts aufeinander.
Stecken und nähen Sie anschließend die Verbindungsnaht mit dem Geradstich. Verfahren Sie genauso mit dem zweiten Griff und Oberteil.

2 Legen Sie nun beide Hälften rechts auf rechts und achten Sie darauf, dass die Verbindungsnähte jeweils aufeinandertreffen. Stecken und nähen Sie auch hier mit dem Geradstich einmal rundum und achten Sie darauf, eine Wendeöffnung von ca. 4 cm an einer Seite des Griffs offen zu lassen. Schneiden Sie alle Rundungen und Ecken/Spitzen gemäß der Anleitung im Grundlagenteil (S. 10) ein bzw. ab und wenden Sie den Schraubendreher mithilfe des Wendestabs.

3 Füllen Sie den Schraubendreher mit Füllwatte und einer Klingelkugel oder Rassel und schließen Sie die Wendeöffnung anschließend, wie im Grundlagenteil (S. 10) beschrieben, mit dem Leiterstich/Matratzenstich von Hand.

FLITZI FEUERSTEIN

RASSEL

SO GROSS BIN ICH

B × L: 15 × 20 cm

MATERIAL

- Baumwollsweat in Grün mit weißen Sternen, 50 × 30 cm
- roter Nickistoff, 36 × 7 cm
- kleines Stück schwarzer und weißer Filz (1–2 mm dick)
- Knisterfolie oder handelsüblicher Bratenschlauch, 21 × 30 cm
- Baumwollkordel in Rot, 15 cm
- 1–3 große Holzperlen (unbehandelt)
- Klingelkugel (Ø ca. 2,5 cm) oder Rassel (Ø ca. 3,7 cm)
- passendes Garn in Grün, Rot, Weiß und Schwarz
- Wendestab
- waschbare Füllwatte aus 100 % Baumwolle oder Polyester
- Fadenschere

NÄHMASCHINENSTICH

- enger Geradstich

ZUSCHNITT (SCHNITTMUSTERBOGEN B)

- **Aus dem grünen Baumwollsweat:**
  2 × Schnittteil Rücken + NZ (gegengleich)
  2 × Schnittteil Bauch + NZ (gegengleich)
- **Aus dem roten Nickistoff:**
  6 × Schnittteil Zacken + NZ (je 3 × gegengleich)
- **Aus dem weißen Filz:**
  2 × Schnittteil Augen (ohne NZ)
- **Aus dem schwarzen Filz:**
  2 × Schnittteil Pupille (ohne NZ)

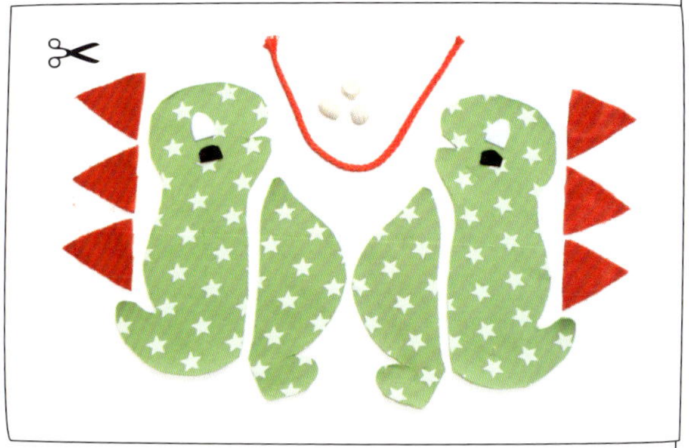

So geht's

4

1 Legen Sie je zwei Zuschnitte der Zacken rechts auf rechts aufeinander und legen Sie eine doppelte Schicht Knisterfolie (bzw. Bratenschlauch) auf eine linke Seite. Stecken Sie alles fest und steppen Sie mit engem Geradstich einmal rundum. Die gerade Unterkante bleibt jeweils als Wendeöffnung offen. Schneiden Sie die Nahtzugabe inkl. Knisterfolie knapp zurück.

2 Schneiden Sie die Spitzen gemäß der Anleitung im Grundlagenteil (S. 10) ab und wenden Sie alle Teile auf rechts. Wenden Sie die Zacken mithilfe des Wendestabs und arbeiten Sie vorsichtig die Spitze richtig heraus. Legen Sie die Zacken beiseite.

3 Nähen Sie nun die Augen fest. Legen Sie dazu beide Gesichter gegenüber und fixieren Sie die großen weißen Schnittteile der Augen möglichst gegengleich auf den beiden Seiten des Kopfes mit einer Stecknadel (Markierung siehe Schnittmuster). Nun steppen Sie mit weißem Garn und dem Geradstich knappkantig rundum. Anschließend verfahren Sie genauso mit den Schnittteilen der Pupille und schwarzem Garn. Schneiden Sie anschließend eventuelle Unebenheiten am Filz außenrum mit einer Fadenschere vorsichtig ab.

4 Fädeln Sie die Holzperle(n) auf die Kordel. Legen Sie je ein Schnittteil Rücken und Bauch rechts auf rechts aufeinander und legen Sie die Kordel mit einem Ende im oberen Drittel zwischen die jeweiligen Nahtzugaben. Stecken und nähen Sie die Naht anschließend mit dem Geradstich. Nähen Sie mehrfach über den Ansatz der Kordel vor und zurück, damit sich beim Spielen und Kuscheln nichts lösen kann. Verfahren Sie genauso mit der zweiten Hälfte des Drachens.

5

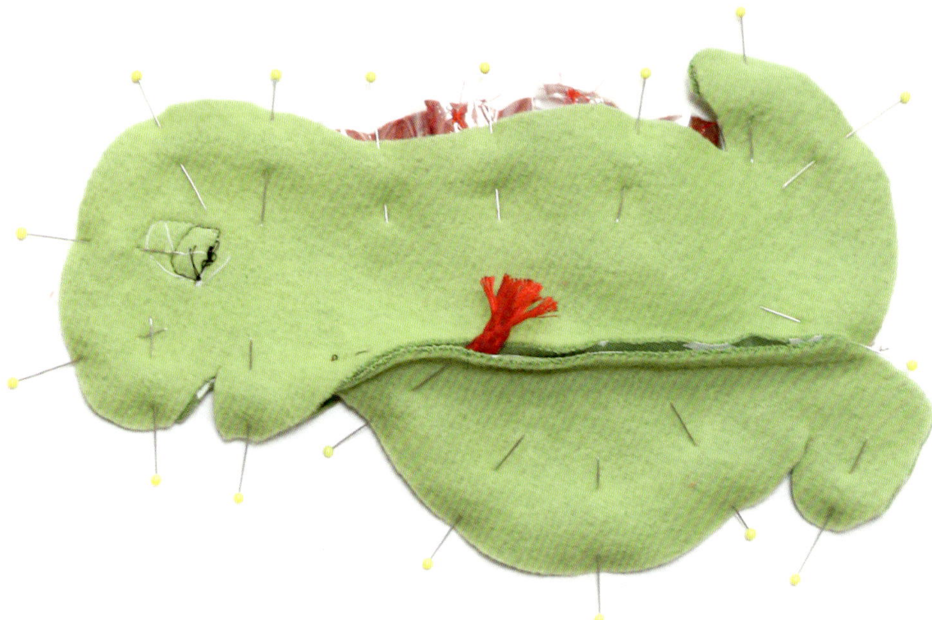

5 Nun legen Sie die beiden Hälften des Drachens rechts auf rechts aufeinander. Positionieren Sie die drei Zacken mit der offenen Kante nach außen zwischen der Nahtzugabe der Rückennaht (siehe Markierung Schnittmuster). Ordnen Sie die Zacken so an, dass sie sich innerhalb der Nahtzugabe ein wenig überschneiden, und stecken Sie alles rundum fest.

6 Nähen Sie mit dem Geradstich einmal rundherum. Falls möglich, nähen Sie mehrfach über den Ansatz der Zacken vor und zurück, damit sich beim Spielen und Kuscheln nichts lösen kann. Achten Sie darauf, eine Wendeöffnung von ca. 4 cm an der Unterseite des Schwanzes offen zu lassen (siehe Markierung Schnittmuster), und schneiden Sie nun alle Rundungen, Ecken und Spitzen gemäß der Anleitung im Grundlagenteil (S. 10) ein bzw. ab.

7 Wenden Sie den Drachen mithilfe des Wendestabs und arbeiten Sie alle Rundungen und Spitzen (Schwanz, Schnauze, Fuß) vorsichtig aus. Füllen Sie den Drachen mit Füllwatte und der Klingel oder Rassel und schließen Sie die Wendeöffnung anschließend, wie im Grundlagenteil (S. 10) beschrieben, mit dem Leiterstich/Matratzenstich von Hand.

Tipp

Sie können dem Drachen statt der Holzperlen auch einen kleinen Holzring an die Kordel hängen. Achten Sie darauf, dass der Holzring nicht größer ist als der Durchmesser des Bauches, sonst können Sie die Naht nicht schließen.

WOLKE CLOUDIA

RASSEL

SO GROSS BIN ICH

B × L: 15 × 20 cm (inkl. Kordeln)

MATERIAL

- Baumwollstoff Flugzeug von „Kinnertied", 40 × 15 cm
- kleine Stücke Filz in Weiß, Blau und Gelb für die Tropfen (1–2 mm dick)
- passendes Garn in Weiß, Blau oder Gelb
- Baumwollkordel oder Zackenlitze in passenden Farben (alternativ auch Webband), 50 cm
- Wendestab
- Klingelkugel (Ø ca. 2,5 cm) oder Rassel (Ø ca. 3,7 cm)
- waschbare Füllwatte aus 100 % Baumwolle oder Polyester

NÄHMASCHINENSTICH

- enger Geradstich

ZUSCHNITT (SCHNITTMUSTERBOGEN B)

- **Aus dem Baumwollstoff:** 2 × Schnittteil Wolke + NZ (gegengleich)
- **Aus dem Filz (Weiß, Blau, Gelb):** 3 × Schnittteil Wolke Tropfen (je Farbe einen Tropfen einzeln zuschneiden, ohne NZ)
- 5 × Baumwollkordel oder Zackenlitze zu je 10 cm Länge

So geht's

1. Nähen Sie die drei Tropfen in unterschiedlichen Höhen auf verschiedenen Kordeln mit dem Geradstich fest. Machen Sie anschließend in jedes Band am Ende einen Knoten.

2. Positionieren Sie nun die Kordeln mit der offenen Seite auf der Nahtzugabe der Unterkante eines Wolkenteils. Die offenen Kordelenden zeigen nach unten. Stecken Sie alles gut fest und nähen Sie einmal innerhalb der Nahtzugabe alle Kordeln mit dem Geradstich fest.

3. Legen Sie nun die beiden Wolkenteile rechts auf rechts. Achten Sie darauf, dass die Kordeln nun zwischen den Wolkenteilen liegen und dort so in der Mitte eingerollt werden, dass sie Ihnen nicht in die Quere kommen. Stecken Sie die Wolkenteile außenrum fest und nähen Sie anschließend mit dem Geradstich einmal rundum. Lassen Sie an einer Seite eine Wendeöffnung von ca. 4 cm offen (siehe Markierung Schnittmuster). Nähen Sie über die Kordeln mehrfach vor und zurück, damit sich beim Spielen und Kuscheln nichts lösen kann.

4. Schneiden Sie alle Rundungen und Ecken gemäß der Anleitung im Grundlagenteil (S. 10) ein und wenden Sie die Wolke mithilfe des Wendestabs. Arbeiten Sie alle Rundungen mit dem Stab schön vorsichtig aus und bügeln Sie die Wolke anschließend.

5. Füllen Sie die Wolke mit Füllwatte und Rassel oder Klingelkugel und schließen Sie die Wendeöffnung anschließend, wie im Grundlagenteil (S. 10) beschrieben, mit dem Leiterstich/Matratzenstich von Hand.

Tipp

Wählen Sie einen etwas schlichteren Stoff, dann können Sie der Wolke auch ein Gesicht aufnähen (z. B. wie bei der Sonne auf S. 62 zu sehen). Sie können dies entweder mit der Hand aufsticken oder mit dem Geradstich Ihrer Maschine machen. Zeichnen Sie dazu evtl. das Gesicht vorher mit dem Trickmarker auf und nähen Sie mehrmals mit einem Kontrastgarn im Geradstich nach, so sieht es „handgemachter" aus. Nähen Sie das Gesicht zwischen Schritt 1 und 2 als Zwischenschritt auf.

MOLLE & MO MONSTER

RASSEL

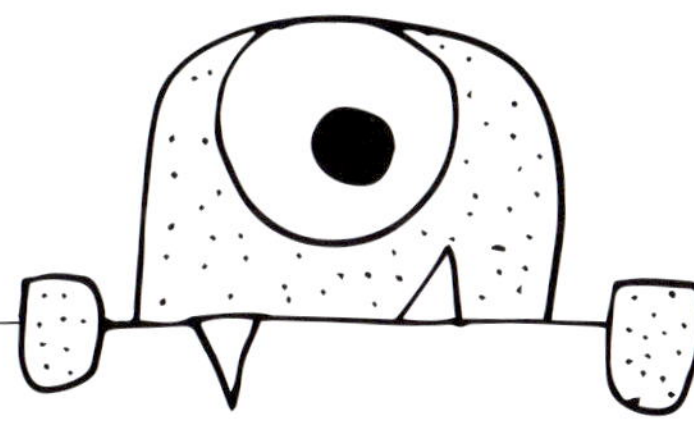

SO GROSS SIND WIR

B × L: 14 × 17 cm

MATERIAL

- Baumwollstoff in Grün gemustert: (Variante: Baumwollstoff in Flieder Zickzack), 40 × 25 cm
- Biobaumwollstoff in Weiß, 12 × 15 cm
- je ein kleines Stück Filz in Weiß und Schwarz (Variante: nur weißer Filz)
- passendes Garn in Weiß und Schwarz
- kleines Stück Knisterfolie oder handelsüblicher Bratenschlauch
- Klingelkugel (∅ ca. 2,5 cm), Rassel (∅ ca. 3,7 cm) oder Quietsche (∅ ca. 5 cm)
- Trickmarker
- Wendestab
- waschbare Füllwatte aus 100% Baumwolle oder Polyester

NÄHMASCHINENSTICHE

- enger Geradstich
- enger Zickzackstich

ZUSCHNITT (SCHNITTMUSTERBOGEN B)

- **Aus dem Baumwollstoff in Grün gemustert:**
  1 × Schnittteil Monster Rücken + NZ
  1 × Schnittteil Monster Vorne oben + NZ
  1 × Schnittteil Monster Vorne unten + NZ
- **Aus dem Biobaumwollstoff in Weiß:**
  4 × Schnittteil Monster Zähne 1 + NZ
  (je 2 × gegengleich)
- **Aus dem schwarzen Filz:**
  1 × Schnittteil Monster Pupille (ohne NZ)
- **Aus dem weißen Filz:**
  1 × Schnittteil Monster Auge 1 (ohne NZ)

FÜR DIE VARIANTE IN FLIEDER:

- **Aus dem Baumwollstoff in Flieder Zickzack:**
  1 × Schnittteil Monster Rücken + NZ
  1 × Schnittteil Monster Vorne oben + NZ
  1 × Schnittteil Monster Vorne unten + NZ
- **Aus dem weißen Filz:**
  1 × Schnittteil Monster Auge 2 (ohne NZ)
  1 × Schnittteil Monster Zähne 2 (ohne NZ)

So geht's

1 Legen Sie je zwei Schnittteile der Monster Zähne 1 rechts auf rechts aufeinander und eine Lage Knisterfolie auf eine der linken Seiten. Stecken Sie alles fest und nähen Sie nun den Zahn mit dem Geradstich zusammen. Lassen Sie die Unterkante des Zahnes als Wendeöffnung offen. Schneiden Sie die Nahtzugabe knapp zurück und die Spitze gemäß der Anleitung im Grundlagenteil (S. 10) ab. Wenden Sie den Zahn und bügeln Sie ihn. Verfahren Sie genauso mit dem zweiten Zahn.

2 Legen Sie nun die beiden Schnittteile der Vorderseite (Vorne obe und Vorne unten) rechts auf rechts und positionieren Sie die beiden Zähne mit der offenen Kante zwischen den Nahtzugaben. Die Spitze zeigt nach innen. Stecken Sie alle Teile fest und nähen Sie sie mit dem Geradstich zusammen. Nähen Sie dabei über die Zähne mehrfach vor und zurück, damit sich später nichts lösen kann.

3 Applizieren Sie nun das weiße Auge 1 oberhalb der Zähne etwas neben der Mitte. Nähen Sie dazu mit dem Geradstich und dem weißen Garn einmal knappkantig rundum. Verwenden Sie Vliesofix bei Bedarf (siehe Grundlagenteil S. 9 unter „Applikationen"). Verfahren Sie genauso mit der Pupille des Monsters.

4 Nun fügen Sie das Monster zusammen. Legen Sie beide Hälften des Monsters rechts auf rechts und stecken Sie alles außenrum fest. Nähen Sie mit dem Geradstich nach und lassen Sie an einem Bein außen eine Wendeöffnung von ca. 4 cm offen (siehe Markierung Schnittmuster).

5 Schneiden Sie alle Rundungen und Ecken gemäß der Anleitung im Grundlagenteil (S. 10) ein bzw. ab und wenden Sie das Monster mithilfe des Wendestabs.

6 Bügeln Sie das Monster und füllen Sie es anschließend mit Füllwatte und Rassel, Klingel oder Quietsche und schließen Sie die Wendeöffnung anschließend mit dem Leiterstich/Matratzenstich (siehe S. 10) per Hand. Fertig ist der einäugige Kuschelfreund!

Tipp

Haben Sie noch Reste von einer Baumwollkordel? Dann machen Sie dem Monster doch eine schicke Frisur und nähen Sie die Kordel zwischen die Nahtzugaben des Kopfes in Schritt 4. Die Knoten liegen innen, offene Kanten zeigen nach außen. Nähen Sie unbedingt mehrfach vor und zurück über die Kordel, damit sich später nichts lösen kann.

Variante

Bei der Variante aus fliederfarbenem Zickzack werden in Schritt 3 die Augen und Zähne aus Filz appliziert. Zeichnen Sie vorher die Wimpern mit einem Trickmarker auf die Augen und nähen Sie nach der Applikation im Geradstich und mit schwarzem Garn mehrfach über die Markierung. So entsteht der „handgestickte" Charakter. Vergessen Sie nicht die Mittelnaht bei den Zähnen. Ansonsten verfahren Sie, wie oben beschrieben.

SONNE

RASSEL

SO GROSS BIN ICH

Ø 20 cm (inkl. Strahlen)

MATERIAL

- Nickistoff in Gelb, 50 × 40 cm
- kleines Stück Filz in Rot (1–2 mm dick)
- passendes Garn in Gelb, Schwarz und Rot
- Klingelkugel (Ø ca. 2,5 cm) oder Rassel (Ø ca. 3,7 cm)
- Knisterfolie oder handelsüblicher Bratenschlauch, 40 × 30 cm
- waschbare Füllwatte aus 100 % Baumwolle oder Polyester
- evtl. etwas Vliesofix
- Trickmarker
- Wendestab
- Vlieseinlage (z. B. Vlieseline S 250), 20 × 20 cm

NÄHMASCHINENSTICH

- enger Geradstich

ZUSCHNITT (SCHNITTMUSTERBOGEN B)

- **Aus dem Nickistoff in Gelb:** 2 × Schnittteil Sonne + NZ (gegengleich)

  Übertragen Sie die Markierung des Gesichts mit dem Trickmarker auf den Stoff.
- **Aus dem Nickistoff in Gelb:** 24 × Schnittteil Sonne Strahlen + NZ (je 12 × gegengleich)
- **Aus dem roten Filz:** 2 × Schnittteil Sonne Wange (ohne NZ)
- **Aus der Vlieseinlage:** 1 × Schnittteil Sonne (ohne NZ)

So geht's

1. Bügeln Sie die Vlieseline auf die linke Seite des Schnittteils mit der Markierung des Gesichts und nähen Sie mit dem Geradstich und schwarzem Garn nach. Nähen Sie evtl. ein zweites Mal über die Markierung für den „handgestickten" Look.
2. Applizieren Sie die Wangen oberhalb der Mundwinkel mit einem Kreuz, indem Sie mit dem Geradstich und dem roten Garn einmal von oben nach unten und von links nach rechts über die Wange nähen. Verwenden Sie Vliesofix bei Bedarf.
3. Legen Sie nun zwei Schnittteile der Sonnenstrahlen rechts auf rechts und legen Sie ein Stück Knisterfolie auf eine der linken Seiten der Strahlen. Stecken und nähen Sie mit dem Geradstich und dem gelben Garn die beiden langen Seiten der Strahlen zu. Die kurze Unterkante bleibt als Wendeöffnung offen. Schneiden Sie die Spitze gemäß der Anleitung im Grundlagenteil (S. 10) ab und wenden Sie den Sonnenstrahl mithilfe des Wendestabs. Arbeiten Sie die Spitze vorsichtig aus. Verfahren Sie so mit allen zwölf Sonnenstrahlen.
4. Positionieren Sie die Strahlen nun gleichmäßig auf der Nahtzugabe einer der beiden Schnittteile Sonne. Die Spitzen zeigen nach innen, die offenen Kanten nach außen. Stecken Sie alles gut fest und nähen Sie mit dem Geradstich und gelbem Garn einmal innerhalb der Nahtzugabe alle Strahlen fest.
5. Legen Sie die beiden Schnittteile Sonne inkl. Strahlen nun rechts auf rechts und stecken und steppen Sie mit dem Geradstich einmal außenrum. Lassen Sie dabei eine Wendeöffnung von ca. 4 cm. Wenden.
6. Füllen Sie die Sonne mit Füllwatte und Rassel oder Klingelkugel und schließen Sie die Wendeöffnung anschließend mit dem Leiterstich/Matratzenstich (siehe S. 10) per Hand.

Tipp

Verwenden Sie hier auch gerne einen schönen Baumwollstoff. Sollte dieser ein kräftiges Muster haben, verzichten Sie lieber auf das aufgestickte Gesicht und applizieren Sie stattdessen einfach die Augen des Löwen. Durch ihre Form ist die Sonne aber auch ohne Gesicht eindeutig erkennbar.

RAKETEN-RALLEY

RASSEL

SO GROSS SIND WIR

B × L: 9 × 30 cm (inkl. Bänder)

MATERIAL

- Filz in Pink (1–2 mm dick) (Varianten: Grau bzw. Grau meliert), 20 × 20 cm
- mehrere kleine Stücke Filz in vielen schönen bunten Farben (1–2 mm dick)
- insgesamt 60 cm Zackenlitze oder Baumwollkordel in verschiedenen Farben je Rakete
- Klingelkugel (Ø ca. 2,5 cm) oder Rassel (Ø ca. 3,7 cm) oder Quietsche (Ø ca. 5 cm)
- Garn in Pink, Mint und Rosa
- waschbare Füllwatte aus 100 % Baumwolle oder Polyester

NÄHMASCHINENSTICH

- enger Geradstich

ZUSCHNITT (SCHNITTMUSTERBOGEN B) (RAKETE IN PINK, MINT, ROSA & GRAU MELIERT)

- **Aus dem pinken Filz:**
  2 × Schnittteil Rakete Korpus + NZ
- **Aus dem mintfarbenen Filz:**
  1 × Schnittteil Rakete Äußerer Kreis Fenster (ohne NZ)
  1 × Schnittteil Rakete Herz klein (ohne NZ)
- **Aus dem rosafarbenen Filz:**
  1 × Schnittteil Rakete Innerer Kreis Fenster (ohne NZ)
- **Aus dem grauen Filz:**
  2 × Schnittteil Rakete Auspuff + NZ
- **Aus der Zackenlitze oder Kordeln:**
  5–6 × je 10–12 cm Stücke

So geht's

1 Fixieren Sie das Schnittteil Äußerer Kreis Fenster mit einer Stecknadel auf einer Seite der Rakete und nähen Sie es mit Geradstich knappkantig fest (evtl. mit einem Trickmarker anzeichnen). Verfahren Sie nun genauso mit dem Schnittteil Innerer Kreis Fenster und dem Herz (klein).
Hinweis: Sollten Sie hier keinen Filz für die Applikationen verwenden, so arbeiten Sie bitte mit Vliesofix, um die Applikationen fachgerecht zu fixieren, bevor Sie sie festnähen (siehe Grundlagenteil S. 9).

2 Legen Sie die beiden Raketenteile links auf links aufeinander und nähen Sie die beiden langen Seiten knappkantig zu. Lassen Sie die gerade Unterkante offen.

3 Füllen Sie die Rakete mit Füllwatte und einer Quietsche, Rassel oder Klingel und legen Sie sie zur Seite.

4 Schneiden Sie aus der farbig passenden Zackenlitze oder Kordeln 5–6 Stücke zu je 10–12 cm und machen Sie jeweils in ein Ende einen Knoten. Legen Sie die Bänder nun mit der Seite ohne Knoten zwischen die beiden Teile des Auspuffs, die Sie wiederum ebenfalls links auf links aufeinander legen und stecken Sie alles fest. Nähen Sie knappkantig über die zwei kurzen und eine lange Kante. Die andere lange Kante bleibt offen. Nähen Sie über die Kordeln mehrfach vor und zurück, damit sich beim Spielen und Kuscheln nichts lösen kann.
Achtung: Gerade bleiben! Die Naht bleibt sichtbar.

5 Legen Sie nun den Auspuff zwischen die offene Unterkante der Rakete und stecken Sie diesen fest. Nähen Sie nun knappkantig mit dem Geradstich über die Unterkante der Rakete und fassen Sie dabei den Auspuff mit ein.

Tipp

Spielen Sie hier mit verschiedenen Farben, Materialien und Formen. Sollten Sie eine Rakete aus Baumwolle, Jersey oder Frottee planen, bedenken Sie, dass Sie eine Nahtzugabe dazugeben müssen, alles rechts auf rechts zusammennähen und auch eine Wendeöffnung frei lassen. Viel Spaß beim Experimentieren!

REH BECCA

RASSEL

SO GROSS BIN ICH

B × L: 17 × 24 cm

MATERIAL

- Baumwollstoff in Gelb kariert, 46 × 30 cm
- Garn in Kontrastfarbe (Dunkelrot)
- Klingelkugel (Ø ca. 2,5 cm) oder Rassel (Ø ca. 3,7 cm)
- Wendestab
- Trickmarker
- waschbare Füllwatte aus 100 % Baumwolle oder Polyester

NÄHMASCHINENSTICH

- enger Geradstich

ZUSCHNITT (SCHNITTMUSTERBOGEN B)

- **Aus dem Baumwollstoff:** 2 × Schnittteil Reh Körper + NZ (gegengleich)

  Übertragen Sie die Markierungen für das Auge auf die rechte Seite beider Schnittteile.

So geht's

1. Nähen Sie das markierte Auge auf beiden Seiten jeweils mit dem Geradstich nach. Sie können dies entweder mit der Hand aufsticken oder mit dem Geradstich Ihrer Maschine machen. Nähen Sie dazu mehrmals mit dem Kontrastgarn im Geradstich nach, so sieht es „handgemachter" aus.
2. Legen Sie nun beide Schnitteile des Rehkörpers rechts auf rechts aufeinander und stecken Sie alles außenrum fest. Nähen Sie mit dem Geradstich rundum. Lassen Sie dabei eine Wendeöffnung von ca. 4 cm am hinteren Bein des Rehs offen (siehe Markierung Schnittmuster).
3. Schneiden Sie alle Rundungen und Ecken gemäß der Anleitung im Grundlagenteil (S. 10) ein und wenden Sie das Reh mithilfe des Wendestabs. Arbeiten Sie alle Rundungen und Ecken mit dem Stab schön vorsichtig aus und bügeln Sie das Reh anschließend.
4. Füllen Sie das Reh mit Füllwatte und Rassel oder Klingel und schließen Sie die Wendeöffnung anschließend mit dem Leiterstich/Matratzenstich (siehe S. 10) per Hand.

Tipp

Geben Sie dem Reh ein neues Gesicht, indem Sie die Augen des Drachen applizieren, oder spielen Sie mit den Materialien: Aus Frottee oder Baumwollfleece ist es doppelt kuschlig.

WAL PURGA

RASSEL

SO GROSS BIN ICH

- B × L: 19 × 15 cm (inkl. Kordel)
- Breite der Schwanzflosse: 13 cm

MATERIAL

- Frotteestoff in Blau, 72 × 15 cm
- kleines Stück schwarzer und weißer Filz für die Augen
- Baumwollkordel in Blau, Hellgrau und Cremeweiß, 3 × je 10 cm
- passendes Garn in Blau, Weiß und Schwarz
- Klingelkugel (Ø ca. 2,5 cm) oder Rassel (Ø ca. 3,7 cm)
- Knisterfolie oder handelsüblicher Bratenschlauch, 20 × 7 cm
- Wendestab
- waschbare Füllwatte aus 100 % Baumwolle oder Polyester

NÄHMASCHINENSTICH

- enger Geradstich

ZUSCHNITT (SCHNITTMUSTERBOGEN B)

- **Aus dem Frotteestoff in Blau:**
  2 × Schnittteil Wal Körper + NZ (gegengleich)
  1 × Schnittteil Wal Flosse im Stoffbruch + NZ
  2 × Schnittteil Wal Flosse + NZ (gegengleich)
- **Aus dem schwarzen Filz:**
  2 × Schnittteil Wal Pupille (ohne NZ)
- **Aus dem weißen Filz:**
  2 × Schnittteil Wal Auge (ohne NZ)

So geht's

1

2

1 Applizieren Sie die weißen Augen auf den beiden Schnittteilen des Körpers möglichst gegengleich (siehe Markierungen Schnittmuster), stecken und steppen Sie es mit weißem Garn einmal außenrum fest. Verfahren Sie genauso mit den Pupillen des Wals und nähen Sie diese mit schwarzem Garn auf den Augen fest. Legen Sie die Schnittteile des Körpers beiseite (siehe Foto 1).

2 Legen Sie die beiden einzelnen Schnittteile des Schwanzes auf das im Stoffbruch geschnittene Schnittteil rechts auf rechts und positionieren Sie die Knisterfolie auf der linken Seite des im Stoffbruch geschnittenen Schwanzes. Stecken Sie alles gut fest und steppen Sie einmal außenrum mit dem Geradstich ab. Die gerade Vorderkante des Schwanzteils bleibt als Wendeöffnung offen, ebenso die sich überlappende Nahtzugabe der beiden einzelnen Schwanzteile (siehe Foto 2).

3 Schneiden Sie Rundungen und Ecken gemäß der Anleitung im Grundlagenteil (S. 10) ein bzw. ab und wenden Sie den Schwanz vorsichtig mit dem Wendestab. Arbeiten Sie die Spitzen und Rundungen schön vorsichtig aus.
Legen Sie den Schwanz beiseite.

4 Legen Sie die Schnittteile des Körpers inklusive Augen rechts auf rechts und machen Sie einen Knoten in jeweils eine Seite der drei Baumwollkordeln. Positionieren Sie die Kordeln alle nebeneinander am höchsten Punkt des Kopfes mit dem Knoten nach innen und dem offenen Ende zwischen der Nahtzugabe. Stecken Sie alles gut fest.

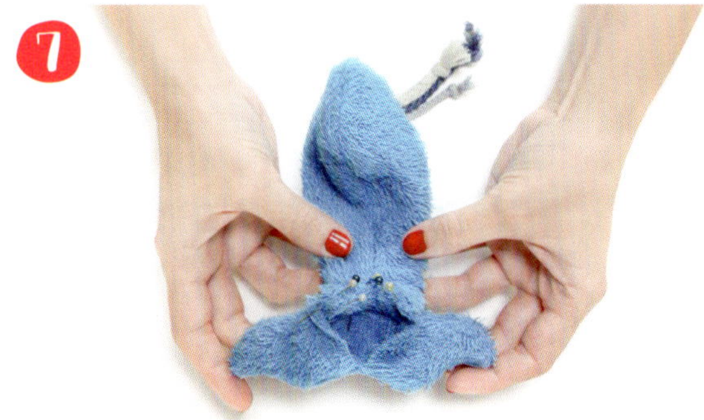

5 Nähen Sie im Geradstich einmal außenrum. Die kleine gerade Verbindung zum Schwanzteil sowie ca. 3 cm des unteren Bauchs bleiben als Wendeöffnung offen (siehe Foto 5).

6 Schneiden Sie die Rundungen gemäß der Anleitung im Grundlagenteil (S. 10) ein und wenden Sie den Körper mithilfe des Wendestabs.

7 Fügen Sie nun den Körper und den Schwanz zusammen, indem Sie beide Teile an der Quernaht rechts auf rechts zusammenstecken und mit dem Geradstich absteppen. Die offene überlappende Nahtzugabe der einzelnen Schwanzteile und die offene Naht am Unterbauch des Körpers bleiben weiterhin offen (siehe Foto 7).

8 Füllen Sie den Wal nun mit Füllwatte und Klingelkugel oder Rassel und schließen Sie die Wendeöffnung anschließend mit dem Leiterstich/Matratzenstich (siehe S. 10) von Hand.

Tipp

Möchten Sie lieber ein Walmädchen nähen? Dann nähen Sie hinter dem Auge einfach noch drei „Wimpern" mit einem engen Zickzackstich auf und verwenden Sie vielleicht Frottee in Lila oder Baumwollfleece in Rosa. Oder nähen Sie dem Wal noch einen freundlichen Mund auf. Dazu markieren Sie einfach den Mund mit einem Trickmarker auf den beiden Schnittteilen des Körpers, nachdem Sie die Augen appliziert haben, und nähen mit engem Zickzackstich oder Geradstich jeweils einen halben Mund auf. Achten Sie beim Zusammenfügen des Walkörpers darauf, dass der Mund in der Mitte aufeinandertrifft. Auch die Baumwollkordel könnten Sie durch verschiedene Webbänder ersetzen, dann wird es schön bunt.

APFELRING

GREIFLING

SO GROSS BIN ICH

B × L: 11 × 12 cm (inkl. Stiel und Blatt)

MATERIAL

- Baumwollcord in Rot (Variante: Baumwollstoff in Weiß mit buntem Zickzack oder Grün kariert), 30 × 15 cm
- kleines Stück grüner Filz für das Blatt
- kleines Stück brauner Filz für den Stiel
- passendes Garn in Rot
- Klingelkugel (Ø ca. 2,5 cm)
- Wendestab
- waschbare Füllwatte aus 100 % Baumwolle oder Polyester
- für die Variante aus Baumwollstoff mit buntem Zickzack: Holzring (Ø ca. 8 cm)

NÄHMASCHINENSTICH

- enger Geradstich

ZUSCHNITT (SCHNITTMUSTERBOGEN B)

- **Aus dem Baumwollcord in Rot:**
  2 × Schnittteil Apfelring Korpus + NZ (gegengleich)
- **Aus dem grünem Filz:**
  1 × Schnittteil Apfelring Blatt (ohne NZ)
- **Aus dem braunen Filz:**
  1 × Schnittteil Apfelring Stiel (ohne NZ)

Übertragen Sie die Markierung für den inneren Ring mit einem Trickmarker auf die linken Seiten des Apferings.

1

2

4

5

So geht's

1 Legen Sie die Schnittteile des Korpus rechts auf rechts aufeinander und positionieren Sie das Blatt und den Stiel mittig oben zwischen die Nahtzugaben. Stecken Sie alles gut fest und steppen Sie mit dem Geradstich einmal außenrum. Nähen Sie ebenfalls das markierte Loch in der Mitte des Apfels mit dem Geradstich nach. Lassen Sie in beiden Nähten eine winzige Lücke an der Schnittlinie (siehe Foto 1).
Wichtig: Vernähen Sie hier auf jeden Fall am Anfang und Ende der Nähte entweder mit der Funktion „Punktvernähen" Ihrer Maschine oder, indem Sie drei Stiche vor- und zurücknähen, damit sich die Naht später beim Wenden und Füllen nicht zu weit öffnet.

2 Schneiden Sie nun entlang der Schnittlinie durch beide Lücken in der Naht bis in den inneren Kreis des Apfelrings. Schneiden Sie diesen bis auf eine Nahtzugabe aus (siehe Foto 2).

3 Schneiden Sie nun die Rundungen gemäß der Anleitung im Grundlagenteil (S. 10) ein und wenden Sie den Apfelring mithilfe des Wendestabs.

4 Falten Sie den Apfelring mittig und legen Sie die beide Hälften der offenen Naht rechts auf rechts. Stecken und steppen Sie die halbe Wendeöffnung des Apfelrings zu (siehe Foto 4).

5 Füllen Sie den Apfelring mit Füllwatte und Klingelkugel. Stecken Sie diese am besten in eine der beiden Apfelwangen, dort ist am meisten Platz und Sie können die Kugel dort ein bisschen umpolstern. Schließen Sie die Wendeöffnung anschließend mit dem Leiterstich/Matratzenstich (siehe S. 10) von Hand (siehe Foto 5).

Tipp

Sie können auch mehrere Blätter zu dem Stiel einnähen oder die Blätter noch mit Blattadern in Braun verzieren. Zeichnen Sie diese evtl. vorher mit dem Trickmarker auf.

Variante

Den Apfelring inklusive Holzring aus Baumwollstoff in Weiß mit buntem Zickzack nähen Sie bis Schritt 4 genauso wie oben beschrieben. Schieben Sie in Schritt 4 den Holzring über eine Hälfte des Apfelrings bevor Sie die Wendeöffnung zur Hälfte schließen. Anschließend fahren Sie fort, wie oben beschrieben.

KNISTERSTERN

KNISTERTUCH MIT ANHÄNGER

SO GROSS BIN ICH

∅ 18 cm

MATERIAL

- Jeansstoff mit Sternen, 50 × 25 cm
- Webband in verschiedenen Farben und Ausführungen (hier: Sterne)
- passendes Garn in Dunkelblau
- 2 DIN-A4-Bogen Knisterfolie bzw. Bratenschlauch in vergleichbarer Größe
- ein Druckknopf aus Kunststoff (z. B. Kam Snaps) mit spezieller Zange
- Wendestab
- Trickmarker

NÄHMASCHINENSTICH

- enger Geradstich

ZUSCHNITT (SCHNITTMUSTERBOGEN B)

- **Aus dem Jeansstoff mit Sternen:** 2 × Schnittteil Stern groß + NZ (gegengleich)
- 5 Stücke Webband, je 8 cm

So geht's

1 Legen Sie die beiden Sterne rechts auf rechts aufeinander. Positionieren Sie die Webbänder an verschiedenen Stellen an den Zacken in einer Schlaufe zwischen den Nahtzugaben, dabei liegen die Schlaufen innen und die offene Kanten zeigen nach außen. Lassen Sie eine Zacke des Sterns frei. Hier wird später der Druckknopf befestigt. Stecken Sie die Webbänder gut fest.

2 Legen Sie auf eine linke Seite des Sterns die Knisterfolie bzw. den Bratenschlauch doppellagig und stecken Sie jetzt alles außenrum gut fest. Nähen Sie mit dem Geradstich einmal rundum und lassen Sie dabei eine Wendeöffnung von ca. 4 cm an einer Seite einer Zacke offen. Achten Sie darauf, dass sich dort kein Webband befindet.

3 Schneiden Sie alle Ecken und Spitzen gemäß der Anleitung im Grundlagenteil (S. 10) ein bzw. ab. Wenden Sie den Stern mithilfe des Wendestabs. Arbeiten Sie alle Zacken mit dem Stab schön vorsichtig aus und bügeln Sie den Stern anschließend.

4 Schließen Sie die Wendeöffnung mit dem Leiterstich/Matratzenstich, wie im Grundlagenteil (S. 10) beschrieben.

5 Knicken Sie nun die Zacke ohne Webband so ein, dass Sie gut einen Druckknopf befestigen können und z. B. ein Schnuller darin Platz hat. Bügeln Sie einen Knick in die Zacke.

6 Markieren Sie nun die Position des Druckknopfs mit dem Trickmarker auf beiden Seiten und befestigen Sie den Druckknopf aus Kunststoff mithilfe der speziellen Zange. Bitte verwenden Sie hier keinen Druckknopf aus Metall, da dieser vom Speichel der Babys angegriffen werden und rosten könnte. Achten Sie darauf, dass der Druckknopf sehr gut hält und fachgerecht montiert ist, damit ihn Ihr Baby beim Nuckeln und Knistern nicht verschluckt.

Tipp

Probieren Sie hier alle Materialien aus, die Ihnen in den Sinn kommen. Bedenken Sie dabei bitte nur immer unbedingt die Sicherheit des Babys! Kopieren Sie den Stern auf 150 % und machen Sie aus Frotteestoff gleich ein Schnuffeltuch zum Schlafen und Schnullern daraus, dann aber vielleicht lieber ohne Knisterfolie. Oder applizieren Sie den kleinen Stern aus dem Schnittmusterbogen aus Baumwollplüsch.

ÜBER DIE AUTORIN

Nicht nur als Visual Merchandiser beweist Lena Starke eine kreative Hand. Seit fast zehn Jahren näht sie mit Liebe und Begeisterung Mode und Accessoires für Babys und Kinder.

Mit ihrem Label Eulenherz ist sie seit 2014 erfolgreich.

Die 34-Jährige lebt mit ihren drei Kindern und ihrem Mann im Herzen Schleswig-Holsteins.

www.eulenherz.com

DANKE

Danke an Anna! Für die Idee, mich um dieses Buch zu bitten. Die beste Idee aller Zeiten! Für die wunderbare Zusammenarbeit, für die flexible Auslegung der „Deadlines", als ein fieser Virus alle drei Kinder gleichzeitig umhaute und nicht zuletzt für das äußerst professionelle Lektorat! *Konfettiregen*

Danke an Jan, Emmi, Rosa & Bosse! Meine Familie! Für die immerwährende Unterstützung und Liebe, den vielen Kaffee auf meinem Schreibtisch, die vielen Küsschen, die ständige Inspiration und die Tanzeinlagen. Ihr seid das Gold der Erde für mich!

Danke an meine Nana! Für Rat, für Tat, für deine Liebe! Du bist die Beste! Ohne dich wäre dieses Buch nichts.

Danke an meine „Nähmädels" Sina und Ka! Für das Probenähen und die äußerst kreativen Ideen während der Entstehung dieses Buches. Ich freue mich auf das nächste „Brainstorming" mit euch!

BESONDERER DANK

Der Verlag und die Autorin danken folgenden Kooperationspartnern für die freundliche Unterstützung mit Stoffen, Kurzwaren und anderem Zubehör:

alles-fuer-selbermacher **(www.alles-fuer-selbermacher.de)**

buttinette Textil-Versandhaus GmbH **(www.buttinette.com)**

fabfab GmbH **(www.stoffe.de)**

Gütermann GmbH **(www.guetermann.com)**

Jessica Stuckstätte **(www.kinnertied.de)**

Rayher Hobby GmbH **(www.rayher.com)**

IMPRESSUM

Bibliografische Information der Deutschen Bibliothek.

Die Deutsche Bibliothek verzeichnet diese Publikation in der deutschen Nationalbibliografie.

Detaillierte bibliografische Daten sind im Internet über http://www.d-nb.de/ abrufbar

EIN BUCH DER EDITION MICHAEL FISCHER

1. Auflage 2017

Covergestaltung, Layout, Satz und Illustration:
Pia von Miller
Fotos: Christin Pardun, Siegburg
Produktmanagement und Lektorat: Anna Zwicklbauer

ISBN 978-3-86355-634-1

Printed in Slovakia

www.emf-verlag.de

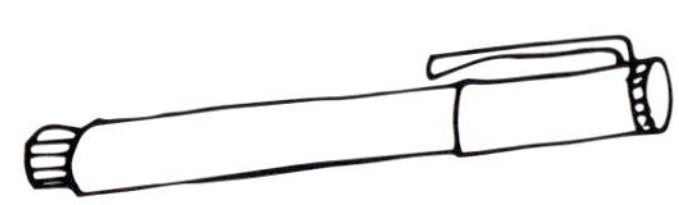